NACUBO

National Association of
College and University
Business Officers

高 等 教 育 领 导 力 丛 书

# 高等教育战略规划

## ——领导者手册

谢里·邓普 (Sherrie A. Tromp)　布兰特·罗本 (Brent D. Ruben)　著

陈传夫 等　译

# Strategic Planning in Higher Education

## A Guide for Leaders （Second Edition）

WUHAN UNIVERSITY PRESS
武汉大学出版社

**图书在版编目(CIP)数据**

高等教育战略规划:领导者手册/(美)邓普,(美)罗本著;陈传夫等译.—武汉:武汉大学出版社,2015.8
高等教育领导力丛书
ISBN 978-7-307-14836-9

Ⅰ.高…　Ⅱ.①邓…　②罗…　③陈…　Ⅲ.高等教育—教育规划　Ⅳ.G64

中国版本图书馆 CIP 数据核字(2014)第 263877 号

著作权合同登记号:图字 17 - 2014 - 190

Original English language edition entitled Strategic Planning in Higher Education：A Guide for Leaders by Sherrie A. Tromp & Brent D. Ruben, published by the National Association of College and University Business Officers (NACUBO).

本书英文原版书名为 Strategic Planning in Higher Education：A Guide for Leaders, 作者 Sherrie A. Tromp 和 Brent D. Ruben, 由 National Association of College and University Business Officers 2010 年出版。

本书中文翻译版由 National Association of College and University Business Officers 授权。

责任编辑:白绍华　　　责任校对:鄢春梅　　　版式设计:马　佳

出版发行:**武汉大学出版社** (430072　武昌　珞珈山)
　　　　(电子邮件:cbs22@ whu. edu. cn 网址:www. wdp. com. cn)
印刷:武汉中远印务有限公司
开本:720×1000　1/16　印张:10.5　字数:165 千字　插页:1
版次:2015 年 8 月第 1 版　　2015 年 8 月第 1 次印刷
ISBN 978-7-307-14836-9　　定价:35.00 元

# 致　谢

本书所描述的高等教育战略规划方法，得益于许多人的见解和贡献。我们要特别感谢罗格斯大学参与了战略规划的形成和演变过程。感谢道格拉斯大学、先进生物技术和医药中心、厄内斯特马里奥药学院、化学和生物医学工程部门、大西洋中部区域人文中心（MARCH）、公民和教育服务项目部（CASE）、爱德华-布鲁斯丁公共政策与规划学院、通信和信息研究硕士项目以及简-沃赫斯西玛美术馆。

从其他机构的同事那里，我们也获得了许多有关规划过程的见解。特别感谢来自威斯康辛大学麦迪逊分校的 Maury Cotter 和 Kathleen Paris、加利福尼亚大学伯克利分校的 Phyllis Hoffman 和 Ron Coley 贝尔蒙特大学的 Susan Williams 以及来自宾夕法尼亚州立大学的 Louise Sandmeyer。

我们也要向使用这种方法，并身处其他组织的同事表示感谢，他们慷慨地提供了有用的建议。

我们也要感谢美国高校商务人员联盟中的工作人员，他们对项目表示了充分的热情并协助出版，特别是 Donna Klinger，Susan Jurow 和 John Walda，也要感谢 Karen Colburn 的帮助。

我们也要感谢罗格斯大学学生中心的同事 Kathryn Kuhnert 和 George Hefelle，使我们在组织的战略规划工作中，模拟出有里程碑意义的案例研究。我们也非常感谢威斯康辛大学的 Kathleen Paris 和 Michael Har，美国大学的 Bill

DeLone，罗格斯大学的 Carmen Ambar，Deanna Ferrante 和 Gayle Stein，他们主动分享了对规划经验及方法的总结。这些案例研究不仅对规划进行了描述，也阐明了领导在此过程中的重要作用。

对变革和战略规划有贡献的其他个人和作者，我们也表示感激。在"参考和推荐阅读"中，我们已经列出了有助于思考的源头，但毫无疑问的是，我们也无意中遗漏了部分个人，对他们，我们也致以感激之情。

我们依靠罗格斯大学组织发展和领导中心的同事 Barbara Corso 和 Kate Immordino，他们为项目提供无尽的灵感来源、见解来源以及能量来源，感谢他们的贡献！

**Sherrie Tromp**

**Brent Ruben**

# 关 于 作 者

　　Sherrie Tromp 是罗格斯大学组织发展和领导中心的副主任，也是新泽西州立大学的副主任。她获得了亚利桑那州立大学的双语教育学士学位，也获得了罗格斯大学文化人类学硕士学位。她曾担任高等教育机构的顾问，包括罗格斯大学凯洛格领导制度改革咨询委员会。她曾合作撰写了若干本书，包括《高等教育进程改革》（Kendall Hunt，1997）、《高等教育起源分析》（Kendall Hunt，1997）。

　　Brent Ruben 博士是罗格斯大学组织发展和领导中心沟通和执行董事会的特聘教授。他最近的著作包括《卓越高等教育：评估、规划和改善学院及大学的集成方法》（NACUBO，2010）、《理解，规划并领导组织变革》（NACUBO，2009）、《领导者需知必做——领导力记分卡》（NACUBO，2006）、《追求卓越的高等教育：八大根本挑战》（Jossey-Bass，2004）。Ruben 博士的著作多达 40 本，也是 200 篇书目章节及文章的作者。

　　Ruben 博士是美国高等教育持续改进联盟（NCCI）的第一任主席，教育部认证监管规则制定小组的一员，也是美国标准与技术研究所（NIST）教育和保健波多里奇飞行员咨询和评估小组成员。他获得了爱荷华大学的学士、硕士和博士学位，也获得了美国高校商务人员联盟的职业发展和学术奖（2003）。

# 目录

001 | **第一部分　方法和模型**

003 | **简介**

003 | 　终生的教训

004 | 　为什么每个人都需要战略规划指导？

006 | **关于本指南**

007 | 　如何使用本指南

009 | **高等教育框架中的战略规划**

009 | 　基本假设

012 | 　高等教育战略规划框架概述

014 | 　框架阶段

017 | **要点 A：领导力**

017 | 　领导力理念

019 | 　改变所需的努力

020 | 　改变——最大和最小

023 | 　合作型领导力增加成功的可能性

024 | **要点 B：沟通**

024     "非同一般的认识"

025     支持战略规划的战略沟通

025     改革与愿景

026     与你的受众相互了解、沟通

028  **要点 C：评估**

028     评估的本质

028     决定评估内容

029     高等教育评估和你的规划过程

029     全面性及系统性评估框架

032     评估和规划

034  **要点 D：文化**

035     文化复杂性

037  **规划过程：启动阶段**

037     从何处开始

038     哪些内容组成了策略规划？

038     找出改革原因

039     进行规划的主要话题

040     规划阶段的领导力：关键见解和能力

042     启动阶段的关键领导问题

042     交流规划：必须完成的事

043     策略规划作为宣传和公众交流的基础

044     启动阶段的关键交流事务

044     领导在支持交流中的作用

046     何时开始评估

047     启动阶段的关键评估事务

048     领导者在支持评估中的作用

049     组织文化和规划

049     启动阶段的关键文化事务

049     领导在文化建设中的作用

| | |
|---|---|
| 050 | 启动阶段的操作 |
| 052 | Milestone 学生中心（MSC）案例：启动阶段 |
| **054** | **第一阶段：使命、愿景和价值** |
| 054 | 五分钟的电梯时间 |
| 055 | 建立组织认证 |
| 055 | 我们代表了什么？ |
| 056 | 关键使命、愿望和价值观问题 |
| 057 | 使命、愿望和价值观——一些例子 |
| 059 | 第一阶段中的规划要点 |
| 060 | 第一阶段　练习 |
| 061 | 里程碑学生中心（MSC）案例分析：使命、愿景和价值观 |
| **063** | **第二阶段：合作人和受益人** |
| 063 | 诺德斯特姆公司 |
| 065 | 合作人和受益人重点关注的问题： |
| 065 | 第二阶段的计划要点 |
| 066 | 第二阶段　练习 |
| 067 | 学生中心的案例研究：受益人和合作人 |
| **069** | **第三阶段：环境扫描** |
| 069 | 狮子、老虎和熊！ |
| 069 | 关键的环境扫描问题 |
| 071 | 第三阶段规划的必要条件 |
| 072 | 阶段三　练习 |
| 073 | 里程碑学习中心（MSC）案例：环境扫描 |
| **077** | **第四阶段：目标** |
| 077 | 跟着那头大灰狼 |
| 078 | 目标设定的指导方针 |
| 079 | 关注大局 |
| 080 | 关键目标问题 |

| | |
|---|---|
| 080 | 阶段四的规划要点 |
| 081 | 阶段四　练习 |
| 085 | **第五阶段：战略和行动方案** |
| 085 | 细节的重要性 |
| 085 | 关键性的考虑因素 |
| 087 | 对于战略你需要知道的 |
| 088 | 关键的战略和行动规划问题 |
| 089 | 阶段五中规划的重要因素 |
| 091 | 阶段五　练习 |
| 095 | 里程碑式的学生中心案例研究：策略和行动计划 |
| 098 | **第六阶段：制订计划** |
| 098 | 堪萨斯我们来了 |
| 098 | 把它写在纸上 |
| 099 | 在"制订计划"阶段的关键问题 |
| 100 | 完善规划 |
| 103 | 第六阶段的规划要点 |
| 104 | 迈尔斯通学生中心（MSC）案例分析：规划建立 |
| 106 | **第七阶段：结果和成就** |
| 106 | 怎么做？ |
| 106 | 你就要成功了！ |
| 107 | 能测量吗？ |
| 107 | 一个有用的框架 |
| 108 | 阶段七的规划要点 |
| 109 | 阶段七　练习 |
| 111 | 里程碑学习中心（MSC）案例：成果和成就 |
| 113 | **第二部分　案例研究和规划议程综述** |
| 115 | **案例 A：大学层面的规划** |
| 115 | 背景及组织概况 |
| 117 | 规划进程 |

| | |
|---|---|
| 120 | 最佳实施 |
| 123 | 经验教训 |
| 124 | **案例 B：学院级别的计划** |
| 124 | 背景及组织简介 |
| 124 | 计划的步骤或者"基于计划的计划" |
| 125 | 最好的实践 |
| 128 | 下一步 |
| 129 | 经验教训 |
| 131 | **案例 C：学术部门的规划** |
| 131 | 背景和组织利益 |
| 132 | 规划过程 |
| 136 | 规划成果 |
| 138 | **案例 D：行政部门内的计划** |
| 138 | 背景和组织概况 |
| 139 | 计划流程 |
| 142 | 战略规划的第一阶段 |
| 142 | 战略规划的第二阶段 |
| 146 | 战略规划的第三阶段 |
| 146 | 战略规划的第四阶段 |
| 147 | 所学经验 |
| 149 | **战略规划议程综述** |
| 149 | 步骤 1：与部门的领导团队一起预先计划 |
| 149 | 步骤 2：预先网络调查 |
| 149 | 步骤 3：加快规划议程 |
| 150 | 步骤 4：记录规划的工作和成果 |
| 150 | 步骤 5：跟进 |
| 151 | **词汇表** |
| 155 | **译后记** |

第一部分

# 方法和模型

# ✓ 简　　介

## 终生的教训

简单来说，战略规划是预期、预测，并理想地控制未来活动或结果的工作。按照这个定义，显然，战略规划不是一个崭新和陌生的理念。事实上，我们自小就在锻炼战略规划技能。为了从父母处获取固定资金来填补我们的预算赤字，我们会制订并执行童年的方案，这时，我们就在从事战略规划。作为成年人，我们进行日常的个人和职业生活规划。我们参加很多团体和组织——家人也在其中。我们把每个家庭成员的愿望都加入到自己的角色中来。这包含了广阔而深远的愿望，比如保持财务安全的快乐，当然，也有不那么宏大的目的，如组织家庭活动或度假。在每一种情况下，我们都依靠战略规划来实现目标。

不管承认与否，我们都是经验丰富的战略规划者。在每个实例或其他人提供的案例中，我们都预期、预测，并控制情况和结果。我们尝试选择合适的时机、合适的方法以及合适的情境，使我们需要的结果达到最好效果，我们也在尝试和错误中改进方法。童年时期，当我们索要奖金去增加津贴时，无需花费太多时间去考虑时机、方法和情境。如果有幸可以选择，我们要快速了解父母中的哪一个是我们需求的最优目标。我们了解到，无论时机多么诱人，请求的好时机肯定不是父母坐在餐桌边写支票付款的时候。我们很快会意识到某一方法要优于其他方法。例如，我们知道，针对额外资金需求的完美解释，肯定不是我们没有做好津贴的资金预算，或是没有管理好先前的奖金。

## 为什么每个人都需要战略规划指导？

如果我们都了解战略规划，自小就练习战略规划，并每天进行战略规划，我们为什么还要读相关的书呢？至少有三个原因：

### 1. 经验

当我们获得战略规划的经验时，因为付出更多的时间和工作去分析和评估方法，不论成功和失败，其结果是部分人获得更多的能力。这里有个简单的案例。作为战略规划者，为了效率最大化，将战略规划活动作为练习是有用的方法。这就涉及简明了解我们要完成什么，明确我们选择的方法，并在工作中严格评估结果。第一个原因是，我们要从经验中总结出普遍的教训。做这件事情，方法有好有坏，本书的一个目标就是描述一套方法，这套方法能够以最有效的方式讨论途径、方法和案例分析的结果。

### 2. 专业技能

第二个原因就是，实施个人计划一般不需要他人的帮助。制订个人和职业活动规划是一回事，而制定家庭、团体或组织的活动规划又是另一回事。当我们预期、预测，并控制个人事务时，我们制订并执行个人计划无需太多合作。例如，规划自己的预算、个人旅行或个人工作项目都是这种情况。

然而，当任务需要预期、预测，或指导一个团体的组织进程或结果时，我们必须合作制订和执行计划，这增加了任务的复杂性，并从根本上改变了我们的角色。在前一种情况下，我们领导自己；而在后一种情况下，我们领导别人。观点明显，但含义深远。为自己和自己的人生活动制订和执行战略计划所需的技能，与通过合作制订并执行战略计划所必需的

高等教育战略规划

004

技能完全不同。例如，领导和沟通的概念，对个人计划的制订，通常是不太重要的。然而，当计划的制订或执行涉及他人时，这个过程会变得相当复杂。当规划涉及一个团体或组织时，领导和沟通进程的处理方式，与计划的主旨和细节同等重要。

### 3. 高等教育的差异性

第三个原因涉及领导高等教育战略规划的困境。领导与其他项目，团体或组织间的项目规划工作，一直都是复杂的任务。而高等教育机构间的规划尤为突出，领导者一般使用软硬兼施的措施作为奖励（或惩罚），沟通和组织挑战也非常重要。即使领导者知道战略规划需要哪些活动，最大的挑战是如何让各学院、大学或部门中的同事，以确定的方向，参与战略规划过程。就如试图放养一群猫所遇到的问题一样，Warren Bennis 对高等教育的领导描述非常贴切（1997）。未能创造足够的参与度，是一个失败的规划工作的惯例，并且这是常有的事情。

如副标题所言，高等教育中的战略规划是对领导者的指导。在本书中，我们提出了一个战略规划模型，并讨论了战略规划过程中的多个阶段。我们对领导规划过程的强调，就像我们做一个计划所需的必备特征。我们的焦点在于高等教育的规划，但提出的框架有更广泛的适用性。在接下来的内容中，我们的目标是使读者了解怎样做才能制定和执行成功的规划工作，以及如何做，为什么要做。我们的目标是通过描述、说明和案例研究，为负责领导团体或组织规划工作的人提供一个实用向导。

# ✅ 关于本指南

高等教育的战略规划提出了一个综合的规划方法，此方法由七个模块组成，每一个模块都描述了战略规划框架的一个阶段。此外，我们对每个阶段的四大战略规划要点进行了分析：（1）领导——在规划过程中，负有责任的个人或团体，如何指导、组织制定并实施计划和目标，进而促进使命的完成和愿景与价值的实现。（2）沟通——如何在组织内传达、提升，并协调计划和目标。（3）评估——如何评估计划和目标的进度。（4）文化——组织的语言、历史、规则、传统和习惯如何影响规划的动态性。这些要点，覆盖了战略规划的各阶段。

不管变革的范围如何，一个成功的结果所需的过程，不同于特设的项目或一系列活动，它开始于深思熟虑的规划。测试任何规划模型的适用性，就像测试网站设计的独特性，或是测试部门、组织层面规划的综合性。随着模型的推进，我们的主要目标是为后者提供模型。

对于高等教育战略规划框架的每个阶段，你会发现以下内容：

- 关键问题——系列开放问题，辅助领导者在综合规划过程中，专注于每个阶段制定和执行的重要维度。
- 规划要点——与四大要点相关的注意事项：领导、沟通、评估和文化。在每个规划阶段，讨论主要的概念和战略。

- 练习——连同支持形式和指南，为解决关键问题的可行方法提供建议，为成功完成规划过程的各个阶段提供建议。
- 案例研究——根据指南进行单一案例分析，分阶段建立，进而为规划模型提供综合的实例。

## 如何使用本指南

本指南致力于从战略角度协助组织的领导者进行规划——无论是整个机构，或是学院、部门、项目。所谓战略，是指在规划时，考虑组织未来的愿景，它所服务的团体或组织，挑战和机遇，替代和选择，衡量进度的方法，以及在完成过程中，监督并遵循的习惯。

本指南供所有层级的领导者在规划构建的过程中使用，并可用于以下的多种方式中：

- 作为独立的战略规划指南。无论组织内部的规划是年度事件，或由特殊事件引发，或是持续全年，本指南在概括规划的重要维度和促进综合进程上很有价值。如果机构、部门或项目不能确定规划的关键领域之所在，或是组织需要一个综合的计划，那么在框架内运行所有的模块似乎是最好的办法。
- 作为更大变革的一部分。规划经常是组织内部更广泛变革的直接结果。在这种情况下，规划通常会发生在特定的预期结果中。当组织意识到紧急问题，或已经开始规划过程，领导者会选择使用框架中的特定模块，而不是运行整个程序。
- 为正式的审核做准备（内部或外部）。许多审核，不管是内部的或是外部的，都聚焦于组织的效率。强调与之合作的人、从项目或服务中获益的人对组织的感知，也强调如何记录和传达业绩。通过选择特定的模块，并关注每个模块的要点，领导者可以识别出最有利于审核的高水平考量。
- 实施正规审核之后的推荐工作。一旦完成，大多数审核工作都要求一份清晰执行的推荐计划。此指南的有用性，体现在精确指出关键问题，并指导领导者对这些推荐进行传达、执行和评估。
- 作为对《卓越高等教育》（Ruben，2010）评估过程的补充。卓越高等教育的评估侧重于组织卓越性的七大类目，其中之一就是规划。在此类目中，计划的制订和执行都被重视。在有战略规划历史的条件下，领导者会发现，审查指南然后确定开始的最好位置，是非常有用的。如果健全的规划过程就绪，但是需要帮忙创建文档，并评估结果和业绩，那么这些模块就是重点。如果文档已经生成，但是没有系统的规划过程，其他几个模块可能更有价值。

#  高等教育框架中的战略规划

大多数人会同意战略规划是组织卓越的基础。它是大多数有效的组织建立主要任务和目标以及协调它们的方式。高等教育战略规划框架是为帮助高校的领导建立主要任务，作出正确的选择，指导从发展规划到成功实施的计划流程而设计的。

高等教育战略规划提供了一个全面规划的蓝图，包括为组织效率而制定的由四个横切命令式所连接的七个主要的规划步骤——领导能力、沟通、评估和文化。这个框架提供了指导领导的战略思维，帮助他们根据机构、部门或者项目，以及更大型机构的任务、愿景和价值观调整组织目标，提供推进每一个规划步骤的实践方法的步进式方法，如图 1 所示。

## 基本假设

四个基本的假设在我们的方法中是主要的：（1）规划的过程和规划本身同等重要（如果不是更重要的话）；（2）成功的规划取决于领导能力、沟通、评估和对组织文化的了解；（3）战略规划的目标是组织改善和调整；（4）最有效率的战略规划应该考虑资源。

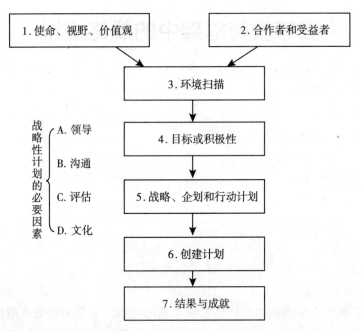

图1 在高等教育框架下的战略性计划创建与组织计划

## 过程，过程，过程

出于很多原因，为实现规划所做出的努力不能达到既定的目标。大多数情况下，失败，至少使规划被发展和实施方式中的不足之处能够被追踪。那些在纸上给人留下深刻印象的规划也有可能不能达到既定目标，如果它们的设计者忽略了外部的或内部的关键因素，没有向具有相关视野和专业知识的人进行广泛的咨询，没有对规划过程的各个步骤进行完全的评估，或者是在明确主要领导的角色和职责时不够严密——简而言之，如果他们没有对过程问题引起足够注意。过程中的问题必须被处理得周密、具有战略性，包括哪些个人或群体在时间上的指定时间点拥有主动权，他们应该做什么，规划顺序中的每个活动何时和怎样发生，怎样将沟通设计到发展和实施的每个步骤中，以及谁提供监督和监控后续工作。

## 领导能力、沟通、评估和文化

有效组织流程的四个最主要的决定因素是领导能力、沟通、评估和文化。关于这一点，领导能力包括对规划发展和实施流程从头到尾的指导。沟通指与项目发展、升级和实施有关的获取和分享信息和消息的所有活动。评估指的是对规划发展和实施活动的分析和评估。文化包含与既在的顾客工作、规范、管理调整的管理以及指导和塑造行为。

**规划和调整**

基本上，战略规划的目标是组织的改进和调整，这也是领导能力、沟通、评估和文化的规划。也就是说，战略规划流程应该不仅关注规划发展，还要关注规划实施以及这两者之间的联系。我们可以预想，由于不适当的实施导致一个发展得很好的规划最终失败这样一个场景。相反，一个没有充分考虑的规划即使得到周密的实施，也可能导致失败的结果。

**战略规划和资源**

一个最终的假设是，规划是一项资源依赖型活动。从根本上说，实施规划通常需要人力、时间或者资金，而且通常整个规划工作的成功与资源的可获取性直接相关。这些投入到计划实施中的资源可能在投资和潜在成本中体现得不是很明显。通常，这些资源是以时间、同事才能的形式来体现，而不是大笔资金开销。但是不论是考虑计划实施或是发展，由错误的开端、不充足的资源配置以及已制订出的但不遵循的计划引起的花费是巨大的。

对资源的关注不足所导致的损失有时是财政上的，但它们通常是心理上的，两种损失对组织都有重大的负面影响。每当有人被要求加入到规划工作中，他们后来都会了解到他们的投入得不到回报；没有资金的支持，规划会被无限期延期甚至终止；为了支持一些完全不同的方法，它会被抛弃，一些珍贵的资源会丢失。在这种情况下，最难替代的资产可能是失去的承诺和同事们参与规划流程工作中的热情。整个代价是昂贵的，特别是在下次领导想在同事中抽人参与到另外一份规划工作中，整个效果就会非常明显。

我们认为资源的问题与规划紧密相连，所有的努力都应该用来保证发展规划之前的丰富资源的可获取性。如果对资源的考虑限制了观点和成果，那么更好的办法就是在项目开始的时候分享这个信息。然后这个信息在规划发展流程中会被考虑进去，以此来避免后期可能会发生的不愉快。

## 高等教育战略规划框架概述

### 领导能力

对于领导能力传统的看法是，它是一种指导组织方向的，管理严密的，高度指挥性的，指挥控制的途径。毋庸置疑，在不同的行政岗位上，有一些人还是坚持这样的领导方式。当然，越来越多的人意识到仅仅依靠这种领导方式的局限性。现在对于领导能力的讨论主要强调合作和舆论建设对于高质量决策，提高生产力和雇员士气的重要性。今天，很多卓越的领导者会积极参与到同事之中，而不是远离他们。他们认识到，亲自向他们的同事展示他们所支持的价值观很重要。如果他们主张关注服务、良好的沟通以及合作，他们会了解到对这种价值观来说，最具说服力的例子就是行动——以身作则。

关于战略规划，如果你想共同承担项目从开始到结束，那么合作和参与很重要。我们在此列举一个简单的启示：规划的有效实施需要所有关键团队的真诚承诺，当人们有意图地加入到规划发展中，他们会在他们的实施过程中以及整个工作成功后拥有个人奖金。

### 沟通

像规划一样，因为我们很年轻，沟通是我们所有人现在正在参与的。而且，与规划一样，这个流程显而易见地被简化，也往往是通往成功的主要阻碍因素。甚至在定义沟通时，我们也经常会忽略重要的问题。大多数时候，我们对沟通流程的定义关注于写和说——关注于给他人发送信息的活动。然后，接收信息的流程是同等重要的——观察、阅读（人和文章），特别是听（Ruben and Stewart, 2006）。

成为一个好的沟通者需要在发送和接收信息方面具有广博的知识和技能，分析谁需要沟通，发展周到的目标和战略，征求和利用反馈信息，要灵活地变通。

虽然可以从很多角度来思考沟通是什么，然而少有人会不同意有效的沟通对于组织效率几乎所有的方面都是至关重要的这个主张。除了与人际沟通有关的问题，还有有效的群体和组织沟通。它们囊括了信息发送与接收方面所有常见的挑战，甚至是由越来越多的参与者制造的更大的挑战和错综复杂的问题。此外，电子通信的可获取性带来了更多的机遇，也带来了更多的挑战。甚至更重要的是，正是通过沟通，群体和机构才能够建立、维持和调整。在后面，我们将会讨论沟通分析和策略是怎样在规划发展和实施的各个流程中发挥作用的。

## 评估

评估是一个在规划和调整过程中很重要的但是经常被忽略的方面。评估有很多种，从在访谈中寻求反应和反馈，到关注群体，到对正式的基准管理和组织自学的调查，到组织审计，到绩效评估系统等都是。然而这些工具的性质是不同的，评估最基本的目标是评估机构现在的表现与预期状态之间的差距，以此作为适当调整的基础。评估为发展预先计划策略，在规划实施过程中监测它的效力，判断策略和行动计划在完成组织任务和达到既定目标方面所取得的最终成果提供了基础。和深思熟虑的领导以及战略传播相关的是，评估也能够帮助定义和强化组织中的协作注意以及阐明机构在调整议程中的优势和元素。

## 文化

对于个人和机构来说，使调整变得困难的是在变革计划开端共同的被理解、治理和使用的东西。稍微有点不同的是，组织学习和调整所遇到的障碍和它们潜在的促进者是相同的。当规划是高效的时候，一般是由于典型的阻碍工作进展的力量被识别，预料，分析，以及作为规划流程的一部分被强调。对于这些方面的关注并不是自然地发生的。事实上，克服习惯、历史、传统和自然对抗性的影响需要理解和一种指导学习与调整的严谨的方法。建立这种方法的核心是对动态的改变和影响成功因素的认识。成功的规划，正如前文所提及的那样，至少需要对主观的人为因素和客观的技术和财政因素的周密关注。

## 框架阶段

高等教育战略规划框架规定了七个基本的规划阶段，这个部分概述了每一个阶段，前文也对它们进行了详细的描述。规划发展工作从对组织任务、愿景和价值观的高级评审开始。同时，分析机构服务对象的需求和期望也很重要。进一步的关注需要被投入到对设想、挑战和机遇的评估以及对推动改革和成果、成绩的目标、战略和行动计划的定义。接下来需要关注的是规划文件本身的创造，最终是对结果的评价。

### 阶段一：任务、愿景和价值观

任务是对组织的原始目的的说明，它证实了组织存在的原因。它关注的是组织现在的状况——它是什么，在干什么，而不是它将会成为什么或者未来做什么。这个说明清楚地阐释了外界需要从这个组织中了解到的内容：这个机构、部门或者项目承诺提供的服务和项目。

愿景向组织成员、合作者、受益者、合伙人以及其他股东提供了一幅机构、部门或者项目未来状态的画面。它是对组织想在将来成为什么样的，在哪里看到自己的说明，也即对志向的陈述。

价值观是一系列指导和影响日常工作的互动，关系整个组织文化的准则或者观点。同样的，它们概述了组织认为重要的想法和行为，提供了组织成员和其他人衡量组织成功的一个维度。它们也可以被认为是指导学习和组织服务活动的重点，它们可能包括创新、尊重、奖励、合作、服务和项目质量这些属性。所有的组织都以一种反映特殊价值观的方式运行——不论这种价值观是否被明确表明。

### 阶段二：受益者和合作者

引导机构、部门和项目重视和保持高质量，满足与受益者和合作者的关系。这项工作也会延伸到与机构合作的其他群体或机构。要想在这项工作中获得成功，机构必须投入精力了解受益人和合作者的观点、需求和期望。对机构的受益者和合作者（或者股东）的完整认知，以及对他们的特殊需求、期望和满足标准的认知，对有效的战略规划发展和实施是至关重要的。

## 阶段三：环境扫描

环境扫描是一个通常适用于机构运行所处的社会、经济、政治、管理、技术和文化环境的词组，特别是那些可能冲击潜在规划或者规划流程的元素。根据不同的机构，需要关注的具体领域可能包括用户信息统计的变化、雇佣模式、政治环境、经济环境、组织环境和基本服务和项目的变化。

## 阶段四：目标

阶段四关注机构高水平的目标。很多组织从这里开始开展规划流程。但是，如果首先投入时间来获取对方方向或意愿、受益者和合作者、运行环境、假设和潜在的机遇和挑战的认识，会更自如地发展合适的规划和成功的实施策略。

## 阶段五：战略和行动计划

战略和行动计划的发展和实施是战略规划的核心活动。战略和行动计划是目标被实现的具体方法，也是为了能够更好地完成任务和达到预期目标，也是机构中的具体活动需要转换的方式。

这个阶段包含了对具体活动和深思熟虑的方法的关键性影响的公正的、现实的评估：（1）利用能延伸组织方向的人员、时间和环境。（2）消除或使之最小化，如果问题没有得以解决，可能导致规划的关键内容脱轨。不同于环境扫描，它关注的是内部的和外部的因素是否能够明显地影响这个机构，这个阶段关注的是对具体战略促进者和障碍的鉴别。

## 阶段六：规划创作

对于一个成功的规划工作来说，在规划流程的可见象征——规划文件，和其他重要方面赋予同等的关注是必须的。这里的目标是创建一份文件，它能够清楚地表达组织的计划，从而为告知、影响、主持和指导组织的未来提供服务。这份规划，从设计上来说，是一份可见的、公共的文件，它被设计成一个领导工具，一个交流设备，一份对工作的最有形的记录。因为它的物理性和公共性，它是最有可能成为判断一段时间的规划工作是否成功的关键。

### 阶段七：成果和成就

完成和维持期望结果是每个组织的目标，也是战略规划最主要的目的。为了完成这个目标，在规划的每个阶段保持对结果的关注是必要的。然而，只有关注是不够的。对组织目标、战略、行动计划以及一份将这些转化成能够指导中间成果和里程碑的实际的，有意义的行为措施的承诺也是必要的。这些行为措施也会成为评估战略发展和实施各阶段以及战略工作最终影响的基础。很少有问题和对成果以及成就的识别及追踪的持续关注一样，对规划主动性的最终成功同等重要。

## ✓ 要点 A： 领导力

### 领导力理念

领导力是无数文章和书籍的主题。这方面的文献包括关于这个主题的学术课题、案例研究和商业、政治、医学、军事、宗教、体育等领域的领导人的传记。对于这个话题的关注并不令人意外，因为越来越多的人意识到领导力是任何卓越组织的基石。本书的指南不是为了提供关于领导力文献的综述，而是对当代文献中的关键领导力原则作简要总结。（Connaughton，Lawrence，and Ruben 2003）。

#### 领导力是复杂的

这有助于解释为什么有这么多的关于领导力的思维方式。一些方法专注于领导职务或职位，另一些强调领导力的结果，还有一些方法关注领导风格和策略。更重要的是，一些观点强调领导者的角色，别人关注领导者与追随者之间的关系，而另一些人则强调形势的重要性。

#### 领导力是合作的

合作是一种关于当代领导力思考的越来越常见的主题。领导可能涉及服务他人（Greenleaf 1977；Spears 1998），影响其他人来完成一个共同的目标（Bennis 1997），协调和指导他人（Fiedler 1967），理解和激励别人（Bass and Avoli0 1992）或者联系别人（Lipman-Blumen 2000；Lawrence and Cermak 2004）；这样的例子不胜枚举。这些观点普遍认为，领导者需要与其他人共事，而合作对于成功的领导力实践也是绝对有必要的。

**领导力是交互的和动态的**

领导力不是一个单一的或静态的行动，而是一个领导者和追随者之间互动的持续过程。在许多情况下，追随者对领导者的影响可能跟领导者对追随者的影响一样，在所有情况下，领导和成员之间的关系被开发成一系列的权利系统内部的期望和价值观，当他们随着时间而变化时，这会影响交互行为（Burns 1978）。战略领导力是"同时执行、评估和调整策略，并将组织的精力和资源放在最有效的策略上"。（Reeves 2002，103）。

**领导力是依情景而定的**

尽管经常在理论上讨论领导力，事实上，领导力总是发生在一个特定的背景中。领导力通常发生在特定的商业、医疗、政府或教育领域。每个组织都有自己独特的使命、愿望、价值观、历史和文化。组织背景的差异对领导力和实践是很重要的，为了使其有效，领导实践必须适应组织和其独特性。

**领导力是自然发生的**

在任何组织中，一些领导力角色在组织结构图中被详细说明。那些担任了正式领导力职位的人扮演着重要且有影响力的角色。许多其他领导力角色很自然地在组织中出现，例如为项目、团队或工作小组提供方向的角色。因此，任何组织内都不缺乏领导机会，不要过分强调认识和促进各级领导力价值的重要性。

**领导力是科学与艺术**

当关于领导力的研究试图去归纳总结普遍的理论和原则时，领导力的实践很大程度上是一门艺术。每个领导者必须学会用与他或她的性格、技能、经验、价值、功能和目标一致的方法去应用概念和见解。这种思维方式的含义是，没有一个统一的教授和学习的领导力方法（Tichy 1997）。

### 沟通对有效领导力的重要性

面对面的、团队的、组织的和调解情况中的沟通对于领导力的有效性是相当重要的。领导力是通过一个人的语言、非语言和调节行为实施出来的（Witherspoon 1997）。一个人的沟通行为提供了印象、信誉和影响力（或缺乏）的基础——所有这些对领导来说是必不可少的。从更广泛的意义上说，沟通对于建立和维持贯穿整个组织的领导力系统是至关重要的。这确保高层领导人的价值观能渗透到各个领域和水平中。

### 领导力是不断调解

曾经有一段时间，领导人在面对面的环境中做了大量的工作。今天，运输和通信技术已经改变了这一切，许多组织的领导人必须在不同的地点和时间定期与个人和团体沟通（Connaughton and Daly 2004）。在领导力情景越来越多的情况下，通信技术，如手机、FJ 邮箱、视频会议、电子邮件列表、社交网络、博客和内部网，补充（有时甚至取代）了面对面的领导力角色。在这个新的环境中，使用技术的能力是领导有效性的一个越来越重要的组成部分。

### 领导力可以被学习

领导力可以被教和学习，它是人的个性的一部分———一个静态特征（Stodgill 1948）。其他人认为领导力与知识能力或相关教育有关。今天，更普遍的观点是，领导能力不会自动发展为有特定知识能力或教育程度的结果。相反，领导力技能可以通过理论和实践结合的方式获得。就像在其他领域培养能力一样，如音乐和运动。在这种情况下，学习概念和原则是有用的；实践，经验，反思是至关重要的。

## 改变所需的努力

为了达到这些目标，我们特别关注领导力当其涉及变化时，这通常称为变更管理。简单说，变更管理涉及有意识地改变一个组织的某些东西——换句话说，故意改变，而不是偶然改变（Ruben 2009c）。战略规划的最终目标是有目的的改变，以便更加全面地理解变更管理有利于计划的领导人。

从贴标记到儿童足球游戏，试图改变正在运动场上进行的游戏，代表了一种我们早期在变更管理上的努力。即便如此，我们意识到沟通关于改变好处的决定性的和有说服力的信息的重要性，尤其是对那些可能会抵制它的人。我们中最聪明的那一个可能会发现方法去帮助朋友们决定什么时候去换一种操场游戏，以及使他们确认选择。即使是在操场上，这种策略也比那些试图指挥和控制的领导力有效。后者可能导致我们的朋友去其他场所玩耍！虽然我们的战略需要额外的时间和精力，我们意识到创造参与讨论和决策的机会，可以使人们理解和致力于改变，因为他们参与定义它。

## 改变——最大和最小

变化是广泛的。范围从相对较小的变化，如购买新办公室家具；到更大的变化，如建立一个新的部门网站；到主要的变化，如开发即将到来的一年的目标；再到全面的变化，如外包、重组或合并。确定预期改变的规模是很重要的，可以基于以下因素去决定：变化的复杂性、所需资源的程度、受影响的人数，以及预期抵抗的程度（见图2）。这种分析可以极大地帮助领导者用他们自己的思维给改变定位，也帮助他们决定如何最好地提供便利的领导。

注：我们很容易有这样的假设，唯一需要领导参与或关注的计划是那些很复杂、资源密集的、冗长的和对于大多数人是主要结果的。这是错误的。虽然领导力和时间精力的投入程度一定基于这些因素分配，但是每个改变都需要注意。甚至新家具或一个新的网站在同事之间都会变成有争议的话题。谁决定需要一个新的网站？为什么钱花在新家具或一个新的网站，而不是用于没有兑现的加薪？为什么没有员工参与选择家具的色彩或网站列表？为什么买了一些新家具而没有买其他？这些决策是如何制造的？等等。常常令人惊讶的是，对于高级领导者无关紧要的变化，或者将

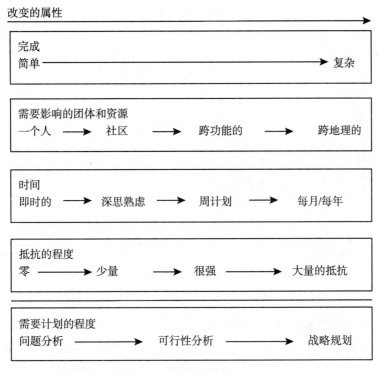

改变的属性

完成
简单 —————————————————————→ 复杂

需要影响的团体和资源
一个人 ——→ 社区 ——→ 跨功能的 ——→ 跨地理的

时间
即时的 ——→ 深思熟虑 ——→ 周计划 ——→ 每月/每年

抵抗的程度
零 ——→ 少量 ——→ 很强 ——→ 大量的抵抗

需要计划的程度
问题分析 ——————————→ 可行性分析 ——————————→ 战略规划

B. D. Ruben 改编，罗格斯大学的 Ron Cater 原创

图 2　改变的范围

在整个组织中得到一致认同的变化如何成为一种问题。这样的问题爆发时，他们通常比在早些时候关注问题的情况下需要更多的领导经验、时间、精力。如图 3 所示，提供改变领导的第一步是告知同事改变需求的教育战略。这始于与同事接触，建立变化的意识，培养对变化需求和方向的理解。下一个目标是创建一个对改变的积极认知，并开始实施。下一个任务是确保改变的采纳，最终改变必须制度化和内化，以确保其持久的影响。

　　成功的领导者促进改变，而不是强制要求改变。人们通过多种方法促进改变，以提高接受提议改变和预期结果的可能性。关键是要有可行的选择方法去指导改变过程的开发和实现。如前所述，从给出改变必要性的理由开始。在这样一个激励和奖励不够充足及要求一般无效的环境中，改变领导者必须比其他背景下的领导者更有创造性、灵活性，并具有多功能的

要点 A·· 领导力

021

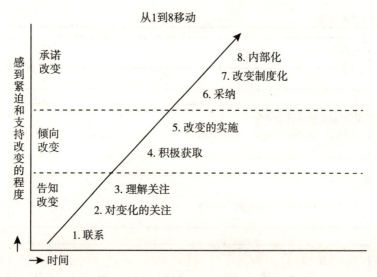

图 3　变革管理过程的目标

策略。高等教育界的例子通常如此。

　　即使没有对于有效领导力的变革管理的简单指导，这里仍有一些一般的、实际的方法。领导人可以用这些方法考虑参与、授权和促进规划过程（Ruben，2009c，2010）：

- 创建关于组织的使命，愿景，价值观和利益相关者的重点，清晰和共识。
- 确保计划结合组织的更大目标、优先事项和愿望。
- 教育同事高等教育面临的机遇和挑战，以及机构、部门或项目，更具体地说，为什么在这个背景下战略规划是至关重要的。
- 吸引并激励组织中的各级同事参与规划过程。
- 促进团队合作，协作解决问题和社区发展和实施计划。
- 确保组织的目标是重大的。
- 促进组织的变化是组织卓越和积极的必要的方面。
- 身体力行你想要在同事中提倡的态度和行为。
- 鼓励发展一种组织文化，这种文化重视评估、分析、反思、深思熟虑的计划及持续的改进。

## 合作型领导力增加成功的可能性

无论一个领导多么知识渊博、经验丰富或富有洞察力，独自解决这些问题和其他问题都是一项艰巨的任务。因此，建议组成领导团队对计划的开发和实现过程进行建议和监督。根据领导者的风格和喜好及组织文化，团队可以成为非正式咨询小组或正式结构协调委员会。然而，这个小组成员有知识和观点去帮助领导者战略性地思考规划过程的所有方面，也是至关重要的。除了给领导者提供基本信息和一个"现状核实"，发展一个这样的团队也可以在组织内扩大所有权和承诺的范围。

无论采用什么样的形式，包容性计划的努力通常比那些小的、专一的团队所投入的努力更成功，对于计划的实现和文化本身通常有更持久的影响（Kotter 2000）。根据项目的性质，领导团队可以包括行政人员、教职工、董事会成员甚至工会代表——人们可以对规划作出有意义的贡献。

# ✅ 要点 B： 沟通

**"非同一般的认识"**

沟通似乎已成为一项非常基本的活动。几乎所有的我们认为是理所当然的日常活动——听、说、写——都包含着交流。同时，沟通也是一种复杂的社会现象，在所有人类事务中扮演着关键的、深远的作用（Ruben 和 Stewart 2006）。对于成功交际所需的理解力和技能不仅仅是一种沟通意识。事实上，沟通能力依赖于沟通意识。"非同一般的认识"引领着我们质疑自己的假设，使我们更善于分析。同样，也是"非同一般的认识"提醒我们关注自己周围的情境，相比自己所信、所认知和预期目标，我们会花同样的精力在我们所见、所理解和所想之上。

在这方面，沟通和计划有许多相似之处，相比于认知层面，它们在实践层面更具挑战性和复杂性。人们一般将领导力沟通解释为某个人简单而明晰地提出必须做的事，并且其追随者会自发地遵从。但若一个人细细思考领导者所面临的沟通挑战便不会觉得这过程简单。除了运用正确的媒介简要地传达信息比较重要外，还存在其他诸多与信息发出者、接受者和情境相关的重要问题。该领导是不是口才好？经验颇丰？有准备？被信任？

知识渊博？领导想与之交流的人的态度、意愿、信仰、性情也是重要的。例如关于手头上的重要工作他们有什么前车之鉴？他们对自己被动与之合作的领导者、同事持什么态度？他们认为改革是必须的吗？他们相信被提出的具体计划是现实的和可成就的吗？

## 支持战略规划的战略沟通

在战略规划中，沟通往往是重要的组成部分，但这往往是针对高等学校而言的。一个重要问题是某个机构、部门、项目怎样向它为之提供项目、服务或其他活动的外部团体和合作伙伴"讲述"和"倾听"。外部的赞助者——教职工团体——也有其独特的沟通需求。为了维持团体内的稳定性、满意度和保证计划的质量，在改进和完善这些计划的过程中必须识别和解决以上问题。简单地说，战略沟通对于支持战略规划是必要的。正如 Nitin Nohria，William Joyce 和 Bruce Roberson（2003）出版于《哈佛商业评论》的一篇对 160 家企业进行五年观察研究的总结性报道：高绩效的企业精于四种主要的管理实践——战略、执行、文化、组织架构。对于战略而言，他们注意到战略成功的关键是明晰而连贯的沟通。

领导者面临的一种最基本的沟通挑战是创建一种能识别需求进而引导、改变它的文化。在实施战略规划之前，领导者必须搞清楚在其组织内的被领导者是怎样思考和感受改革的。是把它视作积极的或消极的？是机遇还是挑战？另一件重要的事是确定组织内的个体是怎样感知到改革的。他们能和领导者一样感知并分担随之而来的紧迫感吗？（Anderson 和 Anderson 2001）相比于其他领域，在高等学校，那些较大的改革经常被领导者提上日程。大量改革带来的时间把控不周、同事抵制和对将来处境更差的忧虑等预期逐渐使组织理想破灭。这种忧虑会较快地导致计划变更或反向逃避（Anderson 和 Anderson 2001）。考虑到以上诸多挑战，一个重要的沟通任务是教育、消除同事对改革的偏见、鼓励坦诚对话、远离"下意识"和本能的逃避、引导同事关注现实。

## 改革与愿景

正如先前的讨论，领导能力和沟通能力是相互依存的。正是通过沟通，组织内的领导者与被领导者之间才能相互说服、征求意见，获得反馈、谈判、合作等。通过沟通，领导团队才能为组织创建和维持一个具有引导力的愿景。这是一种持续性的需要，在计划和沟通导向的目标达成过程中也是极其重要的。要获取成功，我们必须关注组织结构、文化和内部雇员（Anderson 和 Anderson 2001）。创造和灌输一种极具引导力的愿景并拉拢别人去实践是第一步。规划和赢取阶段性胜利来鼓舞士气并制订下一步计划是第二步（Kotter 2000）。最后，总结那些成就和可以制度化的新方法是第三步。总之，教育、参与和协商有着极大的影响力（Daft 和 Marac 2001）。

对组织架构的考虑包括审阅正式报告和组织内关系。但是，领导者经常被建议关注非正式权力关系，通过这些关系来促进或阻碍改革。

在文化层面，沟通和领导也交织在一起。组织文化是组织规章、角色、消费者、规范、标志和沟通实践的集合。组织文化在人们的沟通中创建，并且一旦创建后，就会塑造他们自己的生活、指导规范和行为（Ruben 和 Stewart 2006），理解组织的文化，通过该文化缓和改革带来的忧虑。然而，存在这样的情况，即当所需的改革与文化冲突时，改变文化往往会成为改革工作的重点。此外，通过周密的计划、战略沟通和协同领导来带动那些有利于改进、完善计划的同事也是极其重要的。

## 与你的受众相互了解、沟通

在大多数组织中，充分考虑组织的文化、目标后选择最有效的媒介是一项重大的挑战。在高等院校中，由于赞助者的数量差异、同步传播的信息和亚文化的存在——例如：教师、行政和学生文化——每个都有自己习惯和偏好的沟通渠道、风格、来源和方法，这使得任务变得复杂。

战略规划支撑下的圆满沟通和改革始于成功辨别有影响力的团体并评估其可能存在的问题、期望或焦虑。对于每一个团体来说，自定义消息需要被开发和传播，并对谁是最佳资源做出判断。有时，最佳资源往往是部门或机构中的地位最高者。在其他情况下，与最受改革影响的人关系紧密的可能成为传达关键信息的最佳人选。

可以通过各种沟通渠道来支撑战略性计划。其包括：刊物、网站、正式会议、课堂训练、小型会议、简报、焦点小组、访谈、调查、简报、报告、备忘录、电子邮件列表、博客、问答会话、"离线"对话、"小道消息"等。与规范信息、选取资源一样，应投入相当大的注意力于选取最适合手头任务的沟通渠道。在各阶段的计划中，沟通都扮演着重要的角色，关于沟通对计划的影响力大小等细节已在前面的章节中提过。

## ✔ 要点 C： 评估

### 评估的本质

评估这个词能让人想起两种截然不同的图像。评估可能最常被认做一种成果或者结果——是努力成功与否的一种评判。评估也可以用于表示活动——一个用于测量进度的持续过程。虽然组织中最关心的是成果和结果，但最初的注意力必须指向开发和实施有效的过程，以便测量和跟踪计划维度的多样性。缺乏对用于衡量的合适因素的识别和适合的过程的充分关注，有关结果信息将毫无价值。

### 决定评估内容

历史上，组织中大多数评估重视财务标准。特别在私营部门，财务测量被看做组织有效性的最佳指标。财务信息相对较易收集，并且为说明性、可比性和报道性提供一个有用依据。

然而近年来，许多实践家和学者开始关注这种测量的局限。比如C. K. Brancato（1995）在《新企业绩效衡量》一文中讨论了传统财务测量的一些不足。他声称这类测量（1）陈旧并缺乏预言能力；（2）经常奖励错误的行为；（3）关注输入而忽视输出；（4）反映局部功能而不是跨功能的过程；（5）对难以定量的资源如智力资本缺乏考虑。

认识到传统度量的不足，现在很多组织在评估和衡量方面正在采用更为广阔的视角。他们将其作为组织战略工具，并日益把评估过程看做一种回顾和澄清组织使命及灵感，在组织中交流和关联目标及测量，以及在组织优势和需改进领域达成一致的方法，而不是将评估单纯地看成一种报道财务状况的途径。

另外，评估用作统一组织和个人目标的战略，树立优先任务和目标，进行持续审查，获取了解和改进战略的反馈，并且在这个环境中的特别关注，指导规划（NIST 2003b；Kaplan and Norton 1996，2001；Ruben 2010，2004）。

## 高等教育评估和你的规划过程

学院和大学在评估时面临和其他组织同样的挑战。正如财务测量在私营部门的评估中长期占据主导，学术评价一直是教育机构的焦点。在高等教育界日益达成一个共识，即我们也能从周全复审评估自己成就的标准中受益。学术质量的衡量可以同衡量对于我们提供项目及服务的人群获取额外的因素的重要性相结合起来。同银行、医院、公共机构及其他的机构一样，高等学院应该重视学生、家长、毕业生及公众的学习成果、效益、反馈、花费、用户友好性和服务的效率这些方面的评价。

对更广泛评估标准的价值的认识的转变对规划流程产生了多方面的重大影响。首先，它提醒领导要从多维度进行评估。其次，它为综合评估规划流程的不同方面提供了基本原理和支持。最后，从合作和监督的角度来看，它为保证计划成功实施提供了大量信息。

## 全面性及系统性评估框架

对评估重要性的深入认识推动了系统性的方法的进步发展。他们的全面性在于评估参考的框架是它操作的整个组织环境；它的系统性在于它采用的方法论。由于阐述得非常简明，许多流行的方法对于"我们的评估与计划的重点是什么"及"评估与计划流程应该怎么操作"等问题提供了很有用的回答。

从高等教育的战略计划的角度来看，有三个相关的评估模型：波多里奇模型、平衡记分卡/指示板法以及标杆管理。这些方法都是很有效的前规划及后规划工具。

**波多里奇模型**

最近 20 年来，波多里奇模型一直是最有影响力的评估框架。依据国际公法 100-107 条，波多里奇项目建立于 1987 年，由国家标准与技术研究所领导（NIST）。这个项目最广为人知的是它每年授予杰出的商业、医疗组织和教育机构的奖项，最大的贡献就在于它建立的卓越的评估标准（Ruben 2010）。

波多里奇模型集中于七大组织类别：领导力、计划、股东关注度、评估和知识管理、人力资源、流程效益以及结果。对于前 6 类，评估更侧重于方法与步骤，第七类强调成果。将波多里奇评估模型与一个详细的评分系统结合起来就能得出七类分别的分数，为组织提供一个具有相对优势及可以进步的目标领域的全面描述。

卓越高等教育是将这些工作并联，发展波多里奇模型使其更适应高等学院的特殊要求（Ruben 2009a，2009b，2010）。卓越高等教育框架使用高等教育的语言，设计用于适合任何高等学院或者任何机构内的学术和行政管理部门。

对于高等教育，运用波多里奇或卓越高等教育框架的潜在价值是实质的。它们都集合了教职员工熟知的很多其他方法的最好的特征，例如自学法、管理审核法和公认评论法。它们还满足一些额外的需求；它们：

- 提倡组织或机构系统性的、高水准的、综合性的考察；
- 给出组织或机构做什么，为什么这样做，怎样做的高水平分析；
- 提供战略设计，组织变化和改进工作的根据；
- 检测当前组织方式，实施策略和成果；
- 建立机构内或跨机构的有意义比较；
- 获得现在组织或机构的发展趋势打造未来蓝图；

高等教育战略规划

- 追踪机构的进步或发展。

**平衡记分卡或仪表板法**

这种方法补充了波多里奇框架法，并且在很多方面与之相类似，两者方法更大众化，特别是经过卡普兰和诺顿的努力后。这个方法同样强调评估和计划的战略重要性，也强调一组捕获机构的任务及渴望的特定方法的发展和使用。这个策略也必须注重内部有组织的改进，人力资源的发展以及对于那些从经济和资源考虑对机构的服务对象来说关键的学习因素。

作为评价体系的一部分，机构被鼓励去开发那些对于类似记分卡、成绩单、仪表板来说不同的东西。尽管每个形象有些许独特，这三个都是指向同一方向的隐喻。出于解释目的，我们将使用仪表板术语。就像汽车的仪表板一样，一个机构的仪表板也能显示关于一个机构或部门功能的决定性信息的摘要。通常，这样一个仪表板将包含学术或行政程序质量及服务质量的量度标准、服务对象的满意度、全体教职工的满意感和工作环境及运作表现和财政表现的量度标准和其他的由机构、部门或程序决定为合适的量度标准。

使用记分卡/仪表板法使机构将它的任务及构想变成可碰触可测量的指数，获得在批判性结果和成效上的明确性和共识，识别及追踪组织效力的关键预测因素，检测关键领域的进展。正如我们在指南后面阐明的，仪表板还能用于囊括战略规划目标。

**标杆管理**

标杆管理是关于在不同的组织之间做比较的。创建标杆管理或者做比较是识别、选择和系统比较组织与其他组织之间的绩效、项目、服务、流程、活动、成绩和影响的流程（Qayoumi 2000，2004；Schuh and Bender 2002；Doerfel and Ruben 2002）。比较会在拥有可做比较的流程或者活动的同行、竞争对手以及其他的行业之间完成。比如，规划方法会与同行或者竞争学院或者大学的相同的流程做比较，或者与其他行业的机构做比较，像商业、医疗保健或者政府。尽管机构之间、行业之间存在差异，但比较的过程对于评估规划流程的效率和效力是有作用的，标杆管理也会引领新视野和创新。

标杆管理对于评估来说尤为重要，因为它是通过与那些人们可以将自己的组织行为放到更大的环境中的组织做比较。在很多情况下，机构的成就只有在分析适当的比较环境中才有意义。说明一份员工调查的结果，比如说是关于支持倡导机构调整的，是相当困难的，除非有一些历史的或者外部的标准做比较。83%的支持率意味着贫穷，好还是卓越呢？没有将这个结果与其他机构或者组织对比，我们就很难得出一个有意义的结论。

标杆管理可能是与同行的机构，与竞争者，或者与提供一个追求标准的领导机构完成的。关于做怎样的比较，与谁做比较，多久做一次比较的决定是充满挑战性的。有一种方法就是将你现有的成就与你之前的成就做对比，或者与你所在机构的其他组织做对比。有时有用的对比信息可以从地区的、州的、专业的、国家的组织获取。在其他情况下，对于以发展和分享标杆管理信息为目的，和其他机构发展合作关系，它可能会是必须的。通过询问那些组织提供项目和服务的对象关于他们怎样将你的机构、部门或者项目做对比，也有可能获取很有用的对比信息。

## 评估和规划

从对波多里奇模型、平衡计分卡/仪表板法，标杆管理方法的简单介绍，我们可以清楚地看到它们并不是相互排斥的方法。更确切地说，它们是相似的，而且在很多方面是互补的框架。特别是波多里奇模型和平衡计分卡/仪表板法，它们提供了组织评估的整体方法，标杆管理是一个支持前两者的有用策略。

从战略规划的角度来说，评估工作在三个方面都非常重要。首先，拥有一套系统和适当的系统框架，通过解释清楚与组织任务和愿望相关的优势在哪里，改进优先级在哪里，为规划提供了关键的基础。没有这个基础，规划工作就是一片空白。其次，评估在规划发展的每个阶段都很重要，组织评估的传统和技术能够很容易地被运用到规划评估工作中。最后，这些方法是评估规划流程成果以及规划影响的工具。

为了规划的目的，评估和衡量的方法应该：

- 澄清机构的目的、方向和首要任务，明确哪里需要战略规划
- 建立适当的对比/标准管理和组织规划流程、目标的基础

- 允许组织预测计划结果的测量因素，包括内部和外部利益相关者满意度和决策
- 在整个机构中创建共同的、集中的目标和活动
- 提升对组织愿望和计划实施进行贡献的积极性、责任感
- 鼓励、监控和记录计划的进展
- 激发与鼓励

在规划过程中的每个阶段，对领导人确认他们的组织是否正在进行恰当的工作、取得预期的进展来说，评估是至关重要的。通过定期评估，领导人可以以及时和有效的方式不断地进行完善，确保规划过程可以按照原本预期的方式进行。

# ✔️ 要点 D： 文化

如领导和沟通一样，组织的文化在战略规划的成败中也起着重要的作用。根本而言，组织的文化包括历史、语言模式、标准、规则、传统、习惯，以及首选的做法，这些塑造了组织的行为和实践（Ruben 和 Stewart，2006）。

组织文化，与民族文化相同，经常被忽略。在团体或组织中，它们随时间发展。它们有自己的逻辑——这个逻辑没有对与错，就某一特定团体的历史和传统而言，却很有意义。

每一个力图实施变革的人都知道，组织的文化可能是这个过程的促进者或是阻碍，没有仔细的分析，不可能确定它的作用，更别说控制了。如Ruben（2009c）所说，计划的成功，不仅取决于客观的优点，质量，或已提出的变革的相关性。或者说更大程度上，取决于接收新想法或再造想法，行为，或结构的方式，这个方式是主观的，会受到情感和事实的同等影响，即时优先项与长期价值的同等影响，个人和地方议程与更广泛的组织和社区关注点的同等影响，以及信息源与信息本身特性的同等影响。

一个人可以快速意识到，成功的高等教育规划，需要平衡和焦点，时常维持和加强基础（保留核心优势，认证，质量指导，卓越的研究，优秀教职工/学生的保留，以及确保现有的工作和个体），并追求新计划（新想

高等教育战略规划

法、组织、学校或产业合作和资源）。

## 文化复杂性

高等教育机构因为有许多特色文化而著名，当进行计划变革时，就会遇到挑战。在高等学校中，教师文化、职工文化和学生文化是最大、最有特色的文化。每一个又都有亚文化。例如，在教师文化中，很可能会找到艺术—科学与专业学院间的文化差别，如果你观察每个文化类别中的纪律团体，就会发现这些可辨识的差别。同样，你经常会发现学生生活的文化差异，商务/行政管理的文化差异，服务人员单位的文化差异，以及全职和兼职的文化差异，留学生群体间的文化差异，等等。

在某种程度上，各大学的人群有其独特的文化。特定规划对文化数量的影响越大，理解并将其引入到计划的制订和执行中，就越发重要。

学术文化与行政/职工文化核心价值的差别，导致挑战的产生，我们必须要预测，理解并有效处理这些差别。在职工文化中——行政、商务、服务，以及高等院校的资金领域——核心价值通畅包括操作效率；效能；投资回报率；成本效益/成本节约；服务定位；合作；大学即业务的观点；分层确定和决策；教师、职工和学生共同构成大学的观点。在教师文化中，核心价值倾向于强调创造，推进和引入知识；表达自由；创造力；集体决策；坚守纪律（对机构更应如此）；高等教育即"特殊工作"，而非业务的观点；学生即学习者（不是消费者）；通常认为的"教师即大学"。

因为教师与职工的核心价值差别较大，因此教师与职工有不同的工作重心、工作风格和工作进度。为了成功，规划小组与规划工作必须考虑两种文化的工作风格惯例和偏好。决策的风格也存在差异。在学术层面，人们往往认为，最好的想法应该占上风，无论创始人的资格或地位如何。进一步假设，最好的想法产生于同事的广泛参与和大量讨论（将彼此视为同行）。在行政和业务单元中，广泛的同行讨论和集体决策不太常见，根据组织结构图和汇报程序，重心放在定义权限，并坚持决策的层级制上。通常，这种文化认为，最好的，至少是最可能被采纳的推荐，均来源于最权威位置上的人。

许多规划工作得益于教师和管理人员/职员的支持。对于这些工作，文化差异是一大挑战，但也是潜在的利益。在实践中，识别相关的文化问题，开发出利用文化优势的战略，并减少文化阻碍，保证了领导重心，思想和能量。

# ✅ 规划过程： 启动阶段

## 从何处开始

如果你曾试图在阅读说明书、摆出所有零件、找到必备工具之前将一套 DIY 家具组装起来，那么你就会了解在缺乏系统方法指导下进行规划的感觉。正如家具组装指南，规划过程提供了如何进行的示意图。它指引活动进行从而让你以最直接的方式、最少的努力和重复实现预期结果。在组织架构中，严谨的规划对于让员工准备好并且愿意致力于项目启动也是必要的。

作为规划负责人，你如何确保工作方法可以产生有效的规划、融入的热情并最终形成有效而持续的改变？从一开始，你的领导就体现在假定阻力是不可避免的、确定阻力的性质和来源、在这些阻力以冷嘲热讽、设置障碍、故意拖延或破坏的形式出现之前确保规划者设计出有效的交流策略来预防和处理阻力。

评估组织中的人员对改变的需求程度，他们在多大程度上准备好有效地参与策略规划过程，以及当计划开始之后，他们对于计划的各个阶段有多么了解、是否恰当地参与其中也十分关键。

## 哪些内容组成了策略规划?

策略规划这个词被广泛使用,但大部分时候人们并没有思考有策略和无策略的区别。理解这一点很重要。在 *Academic Strategy*: *The Management Revolution in Higher Education*(1982)中,George Keller 解释道,不像其他的规划形式,策略规划聚焦于决定和引导结果而不是成为无数外部因素的受害者——这些持续轰炸组织的因素会导致混乱或者以活动为基础的规划。这并不意味着外部环境应该被忽略,相反,我们应该理解环境并充分利用这些知识。这也意味要意识到高等教育、商业、政府、医疗机构之间的相似点和不同点并从这些思考中获益。意识到这些也就明白了从其他部门吸收规划和改革模型的危险——无论这些部门看似多么相关——如果一开始没有调整这些方法来适应高等教育的语言和文化。(Birnbaum 2001)

人机互动和组织文化在策略规划的过程中是领导必须考虑的关键维度。也许最大的挑战就是将思维从能形成仅仅会堆满书架的文件的规划方法转变为与实现组织目标相关的、有效的和积极使用的过程规划。(Keller 1983)

为了实现这一转变,Keller 认为有四大关键要素:(1)专注——理解选择关键规划目标的价值,这些目标可以让机构有效地专注于其努力;(2)广泛地参与——包含一系列观点和专业知识以确保最终计划能够合理地面对组织的需求,使其支持和参与最大化;(3)持续规划——通过分年方法规划短期(一年)和长期的目标、策略和行动计划,并分配足够的时间和资源来确保连续性;(4)使用已有的组织架构——使用已有的团体和常规会议与退出机制,避免产生新增机构实体,提供更多机会让员工在日常工作中作出贡献。

## 找出改革原因

在规划之前的阶段中,一个基本部分就是找到改革的原因。当高层领导准备好进行策略规划时,改革的需求对于他们来说可能是显而易见的。但对于机构中的其他成员却不是那样。让大家都了解改革需求可能是成功规划的最重要的一步。没有它的话，过程中的每一步都会更痛苦而多花费精力。

## 进行规划的主要话题

- 领导团队包含深刻了解机构并持有不同观点的成员，但是他们对于决策力和界限有共同的目标和清晰的理解
- 引导规划人员对改革需求形成共同的理解，促进形成机构内部的意愿和接受性，特别是对于那些在规划中发挥积极作用的成员
- 预测机构、部门或项目成员如何看待改革和规划过程、有哪些担忧，并设计出预备措施来解决这些担忧
- 了解过去机构规划的反应并明确历史规划对当前活动的影响
- 让员工和其他相关团体参与规划过程并确保该过程一开始就具备公开性、包容性和价值
- 理清资源需求和限制

---

**开始阶段的首要事务**

1. 大家对于组织的任务、愿景和价值是否有一个共同的清晰观念？它们是否和组织所在的更大的机构的方向和任务一致？如果不一致，那么这个差距在规划过程中如何解决？
2. 为什么现在需要改革？
3. 如果不能满足这些需求会造成什么后果？
4. 改革的必要性和当前的时机在多大程度上被共享？
5. 为什么策略规划是面对挑战最恰当的方法？
6. 同事们是否明白如果不能及时有效地面对挑战会有何后果？
7. 规划过程的预期结果是什么？（例如，通过规划来实现组织变革、工作流程改善、增加对利益相关者需求和期待的回应、改善工作环境还是节省资源？）
8. 让规划设计和实施最成功的要素是什么？
9. 规划文档的作用是什么？

---

10. 与策略规划相关的促进因素和障碍因素有哪些？

11. 对于评估规划的有效性的评价标准和措施，大家是否有共同的清晰概念？过去是否有评价组织表现的传统？——关于收集、共享和使用组织表现信息来引导规划和发展？如果有的话，这会为规划提供很好的基础。如果没有，如何确保设计和执行计划的有效的措施？

## 规划阶段的领导力：关键见解和能力

在其他各部分开始之前，领导对于计划成功开始的责任是显而易见的。严谨的规划为成功的执行提供了基础，如图 4 所示。

在规划阶段——及之后的每个阶段——三种领导能力至关重要。

1. 意识到自身观点的局限性

也许有效领导的基础就是意识到自己的局限性和缺点。没有一个人可以在特定环境中完全理解所有观点或掌握相关的所有洞察力。规划所需的知识和技巧也不例外。虽然关于领导力的民间传说和媒体宣传有时候似乎有不同观点，大多数成功领导者却明白自己并不拥有无限的智慧，意识到如果认为自己是万能的会带来的错误。他们明白对于确保成功所需的信息，他们只拥有有限的了解途径。此外，他们理解自己的作用更多来自于在正确的时间对正确的人指明正确的方向，而非来自于自己永远作出正确的回答。

2. 吸收他人的观点

第二个与规划相关的领导能力就是充分利用别人的观点。除了意识到这样做的必要性之外，还需要在组织各个层面形成合作关系的能力。从根本上来说，这些能力是创建信任所必需的学习和人际技巧，表达尊重，鼓励真诚的信息共享，仔细且非批评性的聆听。更广义地说，投入必要的时间和精力与上级和同级甚至下级保持良好关系十分重要——有时候他们身上有最重要和最难获取的知识和信息。

3. 创建共享

为了让计划有效，大家必须共同拥有成功的责任感。集体共有感很少

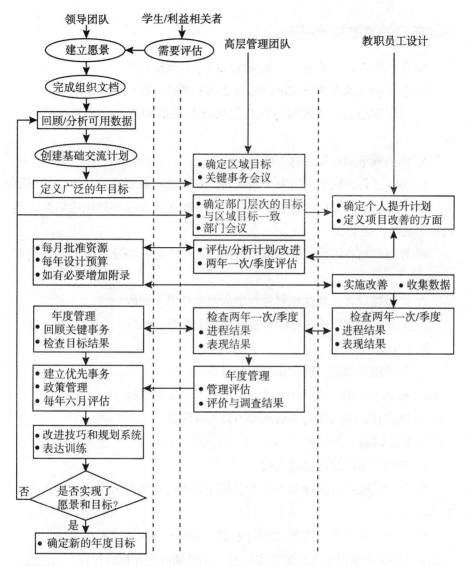

图 4　策略规划循环案例

改编自 Hunterdon central 高中 Malcolm Baldrige 国家质量奖励应用，2001 年 5 月 31 日，使用已获得批准。

来自于从上至下的领导——无论领导者有多么激励人心。相反，人们最致力于自己帮忙创建的事务。如果要确保计划在各个层面的执行，那么没有什么能代替真正的参与与合作。

## 启动阶段的关键领导问题

1. 在你看来，当前你所在机构面临的主要挑战有哪些？

2. 在当前表现和你所期待的愿景之间有哪些差距？

3. 你所在组织的表现和你认为的表现最好的同类组织之间有哪些差距？

4. 你的同事如何看待这个问题？

5. 你认为你的同事是否对于组织的优点和缺点有现实的了解，是否能公开而坦白地评价这些问题？如果缺乏坦白和现实，你如何让他们意识到规划和改革的必要性？

6. 计划如何在组织、部门或项目中设计并实施？领导者如何参与规划过程？

7. 作为领导者，你在规划过程中如何看待以下问题？

a. 关于项目或服务的提供对象的需求或期待的信息

b. 组织优势

c. 提升现有知识、资源和技术的机遇

d. 提高生产率、有效性、效率、价值和创新的目标

e. 当前有关或潜在有关的组织的需求或期待

f. 资源限制

g. 机构或部门的环境或文化

8. 领导的哪些决策和能力对于确保规划成功是至关重要的？这些需求如何解决？

9. 在领导者看来，规划过程的主要障碍和关键成功因素有哪些？

10. 如何确保员工和其他关键团体参与规划过程和执行过程？

11. 怎样的反馈机制能及时回答问题并解决确定领域的潜在问题——成为工作流程的一部分？

## 交流规划：必须完成的事

在描述威斯康辛麦迪逊大学的策略规划时，David Ward 和 Maury

Cotter 注意到主动设计一个广泛的交流策略来支持策略规划的重要性："规划及结果（应该）通过媒体、顾问团体、演讲、校报或其他校园宣传活动得到广泛的交流和沟通。这些努力不是单独的活动而应该被注入我们日常的生活中。"（2004，61）

监察机构当前与合作者、赞助者和其他利益相关者的交流策略是开始规划过程的重要一步。那么这些与利益相关者的信息在多大程度上是规划和改革必需的呢？随着规划过程的开始，我们开始思考哪些媒体和渠道可以被用来支持规划的交流。

在规划期间和之后，尽量避免关于当前规划的公众交流（无论它的目的多么好）。你的想法，或者参与规划的其他人的想法可能随着规划过程的进行而发生改变。公开的交流可能会让思维固定在公众角度。如果这些信息自相矛盾的话，就会令人产生困惑。另外，公开的交流片段通常缺乏时间、空间和兴趣来提供足够的细节支撑清晰的观点。当我们作出交流的努力却失败了的时候，就会削弱对领导力的信任并浪费我们之后所需的精力和关注。一旦计划成型，所有的领导者应该以统一的、调和的公众声音宣布指导计划、过程和成就——这些信息应该通过各种渠道频繁地传播。

## 策略规划作为宣传和公众交流的基础

将机构的长期目标融入规划是十分有用的，例如与宣传或公众交流有关的内容。

高等教育内部日益意识到有效传达每个机构、大学、部门或项目的形象的重要性。这样的交流支持并提升了声誉，而声誉又影响了关键机构作出的重大决定。对于项目或机构而言，这些决定可能包括学生是否决定上这所学校，员工是否选择在这里工作，校友或潜在赞助者是否赞助。更广泛的是，机构或高等教育在总体上的形象和声誉是议会或公众决定是否支持它的重要因素。

如果高等教育机构、项目或服务的形象自然来自于他们做出的卓越工作，这就是完美的。然而对于大专院校，以及商业、医疗行业的其他机构而言，这并不是常见的状态。因此，高等教育应在交流方面作出努力，让他们的故事以清晰而有效的方式，向合适的对象进行报道。如何确定哪些故事应该被报道并不是易事，这就是策略规划过程有用的原因。理想地说，宣传和品牌策略并不是空穴来风，而应该是更基础的规划决策的延伸，通过这些来让机构、部门或项目形成或重新定义自己的任务和方向，确定关键成员，理清自己的特别成就和机遇，强调自己与众不同的特点，并形成策略目标。也许令人并不惊讶的是，对高等教育机构而言，来自于规划过程的一个共有的目标就是通过谨慎规划和有针对的交流和宣传策略来加强自身形象、宣传度和声誉。这是在策略交流规划阶段的重要步骤。

## 启动阶段的关键交流事务

1. 机构、部门或项目的哪些更宽泛的交流目标应该被认为是规划交流努力的一部分？

2. 在规划开始后，个人和团体需要和哪些人进行沟通？

3. 当个人和团体进入规划过程时有哪些交流的需要？有哪些特别的问题或担心？

4. 如果确实有一些问题和担心，哪些教育或信息方法可以帮助解决？

5. 哪些交流渠道可以接触到这些团体？

6. 如何在组织的规划过程中鼓励双向交流、合作、互相理解和责任感？

7. 在更广泛的环境下寻找信息是否重要？如果是的话，如何寻找或整合这些信息？

8. 如何在规划过程的各个关键阶段交流成果，包括规划设计阶段、执行阶段和结果阶段？

## 领导在支持交流中的作用

### 规划环境

领导应创建一个支持员工积极投入规划过程、执行进程和完成的环境。理想情况下，这种环境组织变革者有积极的态度，然而同时，也能意识到变革的挑战并鼓励相关担忧、疑问和建议的有建设性的声音，确定哪些个人和团体会受到规划和变革的影响，并试图预计他们可能有的疑问、需求和担忧。

## 受众

了解受众是谁以及他们为什么要互相进行交流十分重要。在领导团队其他成员的帮助下给予个人关注给参与规划过程或受到其影响的每个团体或组织。给这些团体和组织提供规划价值的相关信息和积极变革的意义，让他们从更广义的角度对过程中将要发生的事件进行综述。设计一个简单的故事并准备好反复重复它。

## 交流目标

为每一个受众设置具体的目标并建立一个在规划进行过程中鼓励双向交流、合作、互相理解和增强集体责任感的方法。这就需要为过程中的每一阶段（设计、执行、结果和成就）设计交流策略。思考诸如宣传得更广泛的交流目标如何得益于规划交流的努力。

## 信息

开始为每一个受众定义并设计恰当的信息，确定接触每一个受众最有效的方法并思考你期望或想要从这些信息中获得的影响。

## 信息传递者

在规划和执行过程中吸纳权威领导者参与讨论并与领导团队合作产生一个基于之前的同事的反应和回馈为未来交流活动准备的日程。

## 信息输入

提供机会去了解同事的反应和担忧。关心他人的担忧。积极寻求并整合更广泛的团体的贡献，确保每一个人了解自己的贡献得到重视。

## 回应

确定来自于不同团体的对规划过程的可能反映并作出恰当回应。开始确定潜在的阻碍和抵抗来源并形成避免、减少或处理它们的策略。

**合适的论坛**

提供信息共享、输入和回应的论坛。通过小区会议或其他公共内容可以扩大参与，提高人们的认可度。留意人们熟悉且喜爱的交流方式，如电子邮件或网络直播。

## 何时开始评估

即使是对组织未来最包罗万象的计划也有可能因为缺乏在该领域的持续、明显的行动而失败。通常我们会在计划开始之后才开始关注评估，而非在本应该的计划之前。Baldrige 和 EHE 模型都建议评估过程中的有效的第一步就是准备好广泛基础的组织文件（Baldrige 2009b；Ruben 2010）。这个文档呈现出对项目、部门或机构的高层次概观。从规划角度来看，这样的文档相当有用，因为它提供了可共享的背景文档，并且可由那些领导与建立规划和交流策略的负责人讨论。

组织文档可以让你启动项目（如下所示创建简单的组织文档）。文档的焦点取决于评估或规划的参考框架是整个机构还是一个单独的学术或行政部门或组织中的一个项目。文档应该是一个对组织当前情况的概括描述，应该包括对组织任务、结构、领导作用和核心活动的简单描述。还应该强调近期机构/部门/项目的评估、评论或规划启动及描述简单的有意义的影响、相关的比较和当前机构面临的特定机遇与挑战。让领导团队来完成这个文档可以很好地建立团队精神、加强在规划过程结束后的共享观点。

**创建组织文档**

1. 机构、部门或项目的名字和主要目标是什么？

2. 组织近期是否参与了自我评估、外部评估或评价？如果有的话，简单描述其结论和建议，以及为回应这些评估而采取的行动计划。

3. 你的活动、项目或服务帮助了哪些个人、团体或组织？他们对组织的期待和要求是什么？如果有的话，这些团体是否参与了你们的评估或规划活动？

4. 你与哪些机构有正式的联盟或合作关系？简单描述每个机构的性质和目的。此外，列举并描述任何非正式关系。如果有的话，这些机构是否参与了你们的评估或规划活动？

5. 你所在机构、部门或项目是否有顾问团体或管理委员会，如果有的话，他们的角色和任务是什么？他们在评估和规划活动中对于参与的期待有哪些？

6. 你认为属于你的同行、竞争者或领导者的其他机构、部门或项目是哪些？

7. 与你的同行、竞争者或领导者相比，决定你成功的主要因素有哪些？如果有的话，哪些改变会影响这种模式？

在准备规划过程的不同阶段中，需要更专注的评估。首先也是最重要的是，明确同事对规划和改革需求的了解程度。一旦规划过程开始，评估策略也十分重要，可以检测同事们对规划过程和计划细节有多么了解。在不同阶段评估同事们的知识是关于有效性评估的关键一步，可以在规划过程各个不同阶段得到追踪。另一个有效措施是同事们的问题在多大程度上得到回答以及相关信息是否可获得。(见图 5)

| 规划设计 | 规划执行 |
| --- | --- |
| • 关于可用规划的信息 | • 任务、愿景和价值观的一致性 |
| • 在不同阶段了解规划的利益相关者 | • 进步和目标实现 |
| • 规划过程的透明度 | • 同事的参与和外部关键的利益相关者 |
| • 得到满意回答的问题 | • 对建议改革的支持 |
| • 同事的参与和外部关键的利益相关者 | • 赞助者/合作者对结果的满意度 |
| • 对规划过程和进步的理解 | • 组织进步的表现 |
| • 外部过程生效 | • 外部对结果的感知 |
| • 现实资源分配 | • 高效的资源利用 |

图 5　可行的规划措施

## 启动阶段的关键评估事务

1. 哪些评估方法对于准备策略规划最有效？
2. 同事们对当前策略规划基本原理和必要性有多少了解？

3. 对于规划的关键概念和特定策略和活动如何征集反馈？应该于何时向谁征集信息？

4. 当关键个人或团体进入规划过程后，如何确定他们的特定事务和担忧？

5. 如何利用你对当前结果和成就、之前规划活动、评估、自学和内部及外部的评估知识来为规划和改革奠定基础？

6. 如何评估规划设计和执行的有效性以及规划文档本身？

7. 在规划进程中哪些措施最重要？例如，你是否愿意在不同阶段测量对计划的熟悉度？理解度？相关问题？回应问题的有效性？

8. 评估需要哪些资源（资金、人力）？

## 领导者在支持评估中的作用

### 促进作用

持续支持评估在成功变革中扮演的重要作用对于确保问题的早期发现、指出并建立对规划过程的积极回应至关重要。

### 专注和一致

确保正常的评估活动如期进行，其结果被领导团队和其他人共享并用来测量规划过程、追踪努力。

### 广泛的途径和理解

直接参与项目的知识面广泛的员工能建立共同的拥有感并提高兴趣。

### 参与

让校园团体参与决定测量内容和必要性以及如何使用结果是提高包容性的有效策略之一。同时，它会增强评估过程的必须性和最终成功。

### 精力和动力

鼓励并形成对及时评估活动的意识能让注意力保持专注。

### 决策

了解最新的评估结果和其意义对于明智的决策十分必要。

### 进步

监测并汇报已取得的成果或有害的后果能够让组织保持同步并尽可能减少谣言或误传。

## 组织文化和规划

大多数规划是理性重要且必须的，但这并不能保证人们会欢迎规划、接纳规划或顺利执行规划。这些方面的成功相当程度上取决于机构/部门/项目的文化。我们要确定相关的文化事务并设计策略来提高文化优势、减少障碍和文化阻碍，并且致力于共有的而非不同的主题和目标。

## 启动阶段的关键文化事务

1. 过去使用的规划方法是什么？选择这些方法的原因是什么？

2. 哪些文化要素——组织内部或更大的机构范围内——会影响规划的成败？

3. 组织中存在哪些关于规划的假设？在更大的机构范围内呢？这些想法如何促进规划过程？为改变当前的这些阻碍应做出哪些改变？

4. 哪些事务会导致对规划过程的抵抗或者缺乏支持？

## 领导在文化建设中的作用

### 意识

关注文化对规划过程的影响，并使用相关知识确保恰当及有效的参与和交流策略，以此保证规划过程各阶段的成功。

**推动**

关注文化事务可以让领导者得益于组织传统、价值观和经历，并帮助他们预计、处理并克服潜在的障碍。

**影响**

使用与交流、参与和评估相关的文化偏好知识可以形成对规划过程的感知和回应，以及对计划进程中的目标和策略的价值观。这样的偏好也会影响大众对参与计划设计和执行的主动程度。

# 启动阶段的操作

## 启动阶段的领导操作

### 视角练习

目的：促进观点的公开分享，确定关键规划主题、事务和优先事务。

1. 每人回答以下问题：

- 规划过程中将要面临的主要挑战有哪些？
- 规划过程中提供的有意义的机遇有哪些？
- 在我看来，在引导规划过程中最关键的领导维度是什么？

2. 分享答案并讨论规划过程的含义。

### 三个问题练习

目的：该技巧能迅速汇集领导团队的成员对组织的概念，以及在规划过程中将会面临的机遇和挑战的认识。

每人回答以下三个问题：

1. 你认为我们的三大优先策略应该是什么？具体列举出对组织将来的成功至关重要的领域。

2. 会阻碍这些优先策略的三大内部或外部因素（而非资源因素）有哪些？

3. 规划过程的五大关键成功因素是什么？

分享答案并讨论规划过程的含义。

## 启动阶段的交流操作

### 策略交流

目的：帮助确定对规划过程或其结果感兴趣或者利益相关的不同团体。确定每一团体的交流兴趣、担忧和需求并鼓励思考交流策略来满足这些需求。

1. 列出与规划设计、执行和结果相关的个人或团体。尝试预计他们每一个的交流兴趣、担忧和需求。

例如：

- 院长——想要参与能引起学术政策变革或人事政策变化的规划
- 投资者——需要成本控制计划的相关信息及服务的引入或减少的信息
- 学生和教职员工——对影响回应速度、可获得渠道和成本的政策和服务变革感兴趣

2. 设计相关标准，优先设置重要的交流对象。（该标准在下一步会被使用）优先标准包括：对规划过程有直接影响的人士、改革影响最大的群体、意见领袖、关键的利益相关者、影响资源获得的人士等。

3. 使用上述标准，根据不同团体对规划或实施的成功的重要性排序。

4. 讨论规划过程开始后，能有效接触每一团体或机构的交流策略（包括信息和渠道）。

## 启动阶段的评估操作

### 外部评价作用

目的：通过假设机构外人士的观点鼓励对规划过程的新颖的思考。

问问自己："如果我是从外部引进来评价组织规划过程的咨询顾问，我会提出什么问题？我会看到哪些优势？我会看到哪些需要提升的地方？哪些关键的里程碑？哪些潜在的缺陷？"

1. 每人单独回答上述问题。

2. 在小组内共享并记录答案直到所有答案都被讨论。

3. 来自该过程的见解可用于规划过程。

### 标杆执行

目的：将组织的规划过程与其他组织进行比较，来了解其他组织如何实现创新、解决问题及实施规划。

1. 通过回答以下问题来启动评价标准：

- 规划方面哪些组织可视为领导者？

- 我们从他们身上能学到什么？

- 我们应如何开始学习/标杆过程？

- 需要提出哪些特别的问题？

- 我们应该何时开始学习，谁来对此负责？

2. 确定要与之比较规划过程的组织。

3. 设计比较的问题（关于他们的规划与执行过程、吸收的经验教训及成功因素等你想要了解的问题）。

4. 与其他组织的规划领导安排电话会议、电子邮件沟通或实地参观。

5. 将信息带回你的团队，如有必要重新定义规划过程。

## Milestone 学生中心（MSC）案例：启动阶段

Milestone 学生中心（MSC）策略规划启动的第一步就是形成领导团队①来指导整个过程。意识到有知识且可信赖的个人的广泛参与会提升人们认可的概率以及规划设计和执行阶段的参与度，高层管理者形成了一个代表教职员工和学生领导者的 12 人的团队。团队中还包括两名相关团体的成员，代表经常使用学生中心的群体。

团队形成后，就将其关注度放在规划以及预计任何会影响规划过程的事务上。一些成员参与了其他组织的规划工作，因此小组得益于他们的建

---

① 这个团队可以是领导团队、指导委员会、调解委员会、监管委员会或规划团队。

议，从而避免了在认真思考需要解决的问题和试图达到的效果之前匆忙进入决策目标和活动的环节。

谨记上述内容，他们开始一些头脑风暴活动旨在获得团队成员关于组织的概念、确定关键的规划主题、事务和优先事务、分享关于如何最好地领导规划的想法。

他们明白交流在其中扮演重要作用，就像在过程中对关键节点的反馈一样。他们也意识到理解规划影响的不同群体的需求和期待对努力的成功与否至关重要。

在整个规划过程中，列出想要与之交流的对象，包括相关的利益点和担忧的方面，能帮助他们预计潜在的问题并列举交流策略。

为了增加乐趣，团队假扮了一个外部咨询小组来评价组织。从外部看待组织让他们能够客观地看待优势以及需要解决的缺陷。他们也联系了不同机构的规划领导，从其他人的规划错误中吸取经验，并利用他们的成功经验。

为了确定同事们在多大程度上理解当前组织面临的挑战，他们决定做采访和小调查。虽然不能确定采用哪些具体措施，他们仍然希望从一开始就能确定如何测量规划工作的有效性。这将帮助他们评价自己的工作，并提供一个方法向他人随时宣布进展，帮助领导团队中的每个人专注于策略规划的真正原因——解决缺陷的机遇和挑战并推动组织向目标更进一步。

# ◉ 第一阶段： 使命、 愿景和价值

## 五分钟的电梯时间

不要对 5 分钟的名声疑惑。5 分钟的电梯时间是指，在短短几分钟内（乘坐电梯的时间），你描述组织的使命、未来愿景和引导这次旅程的价值的能力。虽然你不太可能在电梯上遇到这样的情景，但是这种虚构的项目提供了一种可以清晰描述组织的出发点、指导原则和未来愿望的方式。一旦你对这种 5 分钟的描述了如指掌，在更加熟悉的环境里，你拥有 7–10 分钟的时间吸引同事的注意力时，你就会游刃有余。

当你确定了基础，其他事情就会变得更加容易了。准确地说，组织的使命声明、相关愿望和价值为决策提供了参考。这些决策包括采取什么样的行动，如何去使用这些资源以及如何去评估这些成就。它们为一种简单的方法提供了基础，这种简单的方法是评估组织内部当前和潜在的努力。如果它没有支持或适合你的使命，以符合你价值观的方式推进你的愿望，为什么会这样？

使命声明使你的主要的组织目标清晰化，确认它存在的理由。它关注于当前的声明，而不是你的组织、部门或项目未来想要的声明。使命的清晰化被视作关于组织中心、定义目标和其存在的理由的重要声明（Leuthesser and Kohli 1997）。在高等教育中，使命声明对于评审也是很必要的（Palmer and Short 2008，456）。在所有情况下，一个清晰、与众不同的使命为以下问题提供了基础：评估愿景、目标、计划和结果中的哪一个，能够确保万能框架不在不加鉴别的情况下被用于不同类型的组织。

## 建立组织认证

清晰表明某个组织的使命、愿景和价值观的发展声明，有助于澄清作为一个整体的组织的哲学、目标、方向和愿望。当他们以一种包容的方式发展时，这样的声明*可以*成为创建组织重点，建立共识方向，加强组织认证以及为更有意义的规划活动做好准备的有效工具。

在前面的段落中，我们在描述表达一个组织的任务、愿望和价值的声明的潜在价值时，我们将"*可以*"用斜体字表示。原因是简单的制作和传播这样的声明并不能保证它们的准确或效用。在发展使命声明时，准确描述组织工作的语言是关键。至于价值和愿景声明，它们实际上抓住了理想和愿景。所需的准确性和现实主义更有可能产生于通过一个合作过程发展的声明，而不是通过规定或授权时。无论过程如何，关键是能够回答这个问题，"你如何知道它正在发生"？能够回答这个问题表明了好的使命、愿望和价值观声明的一个重要属性，那就是：它们是可度量的。例如，如果你显示你的组织的使命是提高本科教育或提供及时、准确的服务，在决定如何测量你实现这一使命的有效性时，这将是重要的。

## 我们代表了什么？

在《高效能人士的七个习惯》中，史蒂芬·柯维强调个人使命声明的重要性——个人的生活指导原则："这是做重大的、人生方向的决策的基础，是在影响我们生活的情境和情绪之中的日常决策的基础。改变能力的关键是去挑战一种不变的你是谁，你是什么，你的价值的意识。"与个人一样，组织也有其核心价值观（Collins and Porras 1994）。组织的价值观和支持、培育这些价值观的文化是实现成功的组织哲学的本质。价值观提供了组织内对日常行为的指导，以及建立员工预期行为的共同的标准（Scott，Jaffee，and Tobe 1993）。

清楚地声明价值观和指导原则，大学社区可以预期：

- 帮助各级员工理解使命和愿景应该如何被转化成日常实践
- 提供了一个个人和组织的适当性的评估标准
- 表明在追求使命和愿景时的适当的、预期的和可接受的行为标准
- 帮助定义理想文化的路径
- 更好地关联教职工的组织目标和方向①

## 关键使命、愿望和价值观问题

### 使命

1. 什么是你的机构、部门或项目存在的目的？

2. 你的任务是如何符合以及有益于你所属的更大的机构的总体任务的？

3. 什么活动和功能对于实施组织工作是必要的？这些活动和功能完成得怎么样？

4. 你的组织是如何有助于机构的工作的？

### 愿景

1. 组织、部门或项目追求的是什么？

2. 鉴于部门、机构或学校的实际情况，你的组织擅长什么？

3. 什么是机构、部门或项目的独特之处，使其在以后能与其他组织区分开？

4. 考虑今后四到五年的组织，它的特色应该是什么？

### 价值观

1. 在机构，部门，或项目内，什么样的基本信仰被看重？

---

① 作者欣然承认 Ann Kemplay 的贡献，他是阿尔斯特大学的员工发展部门的主任。学校位于北爱尔兰，贝尔法斯特。

2. 这些原则是显性还是隐性的？

3. 这种理解渗透到组织中了吗？

4. 如何将价值观一致地转化为教职工的行为？

5. 你怎么知道情况会是这样？

6. 在哪些方式中，诚信和道德问题对组织中的日常行为是重要的？

## 使命、愿望和价值观——一些例子

这里有一些来自不同组织的使命、愿景或价值观声明的例子。

### 北卡罗来纳大学——夏洛特使命和价值观

北卡罗来纳大学夏洛特是北卡罗来纳的城市研究大学。它利用它的位置在该州最大的城市提供具有国际竞争力的研究和创新活动项目。以及一套集中的社区参与积极性计划。北卡罗来纳大学夏洛特保持一个特定的承诺去解决更大的夏洛特地区的文化、经济、教育、环境、健康和社会需求。

完成这个任务，我们重视：

- 方便和负担得起的有资格的教育，使学生具有知识和专业技能、道德原则和国际视角。

- 在人文艺术和提高学生个人和专业成长的经验教育的机会上的坚实基础。

- 一个健康的知识环境，重视社会和文化多样性、自由表达、共同掌权、诚信和相互尊重。

- 一个安全、多样化、具团队精神、道德责任以及发展教职工专业能力的尊重的工作环境。①

### Jane Voorhees Zimmerli 艺术博物馆——罗格斯大学的使命

Jane Voorhees Zimmerli 艺术博物馆收集、保存、研究和展示的艺术作品为大学提供视觉艺术的直接体验。博物馆的学术活动为不同的学校、区

---

① http：//www.provost.uncc.edu/GoalsPlanning/vision_mission.htm（2009.6.11）

域、国家和国际观众提供服务。他们通过展览、出版物、教育项目，使艺术在智力上被获得。①

## 默克制药的使命

默克公司的使命是为社会提供优质的产品和服务，通过开发创新和解决方案，提高生活质量和满足客户的需求，并为员工提供有意义的工作和发展机会，以及给投资者提供高回报率。

## 价值观

1. 我们的业务是保护和改善人类的生活。

2. 我们致力于最高标准的道德和诚信。

3. 我们致力于科学的最高水平，将我们的研究用于改善人类和动物的健康和生活质量。

4. 我们期望利润，但只从那些满足客户需求和有益人类的产品中获益。我们认识到追求卓越的能力——最具有竞争力地去满足社会和客户的需求。这取决于具有诚信、知识、想象力、技巧、多样性和团队精神的员工，这些品质都是我们最为重视的。②

## 亚利桑那州立大学的愿景

一个新的美国大学——正在改变美国的高等教育。

他们设计了八个愿景去指导 ASU（亚利桑那州立大学）的转变。亚利桑那州立大学要求它的学生、教职工和项目做到：

01. 利用我们的地方

ASU 拥抱它的文化、社会经济和物质环境。

02. 改变我们的社会

ASU 通过连接社会需求促进社会变革。

03. 有价值的企业家精神

ASU 利用其知识和鼓励创新。

---

① http：//www.zimmerlimuseum.rutgers.edu（2009.6.11）

② http：//www.merck.com/about/mission.htrnl（2009.6.11）

04. 进行使用—启发实验

ASU 的研究是有目的和影响的。

05. 使学生成功

ASU 致力于每一个独特的学生的成功。

06. 融合知识学科

ASU 通过跨学科创造知识。

07. 嵌入社会

ASU 通过互利共赢的合作关系与社区建立联系。

08. 在全球范围内进行

ASU 在当地、国家和国际范围内与这些人和问题接洽。①

## 拉什大学医学中心的愿景

拉什大学医学中心将被视为芝加哥地区和美国最好的临床中心中精选的医疗中心。②

# 第一阶段中的规划要点

## 领导力

这个阶段的领导者角色在包括确保：（1）起草、审查和/或细化使命、愿景和价值观的声明的过程是适当包容的；（2）最终声明版本的语言清晰、简洁、引人注目；（3）声明作为未来整个计划、部门或机构的单一参考是有用的；（4）用可测量的方式表达声明。

## 沟通

这可能是第一个可视的沟通方法的示范。因此，沟通过程必须（1）确保关键个人和团体积极参与起草、审查和/或改进过程；（2）建立和传播关于使命、愿景和价值观的声明及其目的的一致的信息；（3）促进组织

---

① http://newamericanuniversity.asu.edu/home.php（2009.6.13）

② http://www.rush.edu/rumc/page-1134773754738.html（2009.6.11）

内部的共同理解；（4）把这些想法传达给相关的外部团体；（5）确保使用这些语句作为后续阶段的规划活动的基础。

## 评估

使命、愿景和价值观起草过程的评估的重点是，评估起草过程以（1）确保它足够吸引关键的个人和团体；（2）确保所有那些参与这一过程的支持；（3）使用可以测量的术语和概念。

## 文化

此时的规划过程中，获得一个良好的能够影响组织内部变革的文化维度的知识是主要的。关注点在于（1）回顾过去的规划活动和组织文化在成功和失败中所扮演的角色；（2）确定正式和非正式的意见领袖和创建使这些人参与到规划过程的方法中；（3）获得对于可能会影响规划过程的重要组织问题的理解。

# 第一阶段 练习

## 测量任务

目的：使命、愿景和价值观声明澄清了组织的目的和愿望，提供了优先事项、目标设定和结果测量的基础。大部分组织都有三件套中的一个或多个，但是很少有所有三个都到位的，更少有人使用这些作为查看优先级、目标和评估结果的指南。任务到措施的过程帮助创建这些声明，并识别促进有效的规划的潜在组织措施。

这个练习的目的是通过发展（或审查和可能改善）使命、愿景和/或价值观的过程指导您的组织。① 在发展这些声明时，请记住，他们应该使用准确地反映组织范围，同时，又符合更大组织的方向和愿望的语言。也请记住，术语和概念被作为优先级和目标建立的基础时，是可被测量和有效用的。

----

① http：//www.rush.edu/rumc/page-1134773754738.html（2009.6.11）

1. 首先解决"关键使命、愿景和价值观问题"中列出的项目，通过领导者的讨论创建声明草案。（如果你已经有这样的声明，不断审查，如果有可能，并改进它。）

2. 从类似机构，部门或项目中收集和审查声明。根据这些草案回顾你的声明，并精炼它们。

3. 使新的或修改过的声明在组织内部流通，鼓励他人反馈，并吸收合适的反馈。

4. 使修订后的草案在更大的机构中流通，以获得审查和评论。建议：进行焦点小组以得到更深层次的反馈。

5. 讨论可能的措施，能够抓住每个声明的关键维度，并对每个维度列出可能的措施。

6. 进行访谈和焦点讨论，促进个人和团体的集体讨论以提炼措施清单使其更加合适。

7. 广泛传播的最终版本的声明和措施。考虑加入一个附信，阐释声明的目的和组织打算如何使用它们。

8. 确定声明和措施被作为战略规划和其他项目和方案的基础而使用。


## 里程碑学生中心（MSC）案例分析：使命、愿景和价值观

里程碑学生中心认识到，与许多其他组织不同，在进一步的规划过程之前，它没有发展使命、愿景和价值观声明，也没有必要这样做。学生中心的主任促进了团队的第一次会议。这次会议集中在关键服务及其与更大的大学相一致的使命和愿景的讨论和识别。他们从类似的组织中寻求声明的例子，以此作为一种比较和启发的方式。同时在起草的过程中确认关键问题。这些声明和它们关系的重要性也加强了规划过程。

领导团队的构成保证了各种各样的观点将被包括进来。这对于准确和有用的声明草案是重要的，对于这个过程的更广泛支持和最终声明的接受也是重要的。最初的讨论集中把即将开发的声明与更大的组织愿景相匹配，从而提供一个关于使命、愿景和价值观声明如何被设计的框架。

起草和审查过程包括与组织的其他成员讨论，基于讨论开发使命、愿景和价值观的草案。发展的团队认识到重要性的方法来衡量这些声明中概

述的目标和服务，指出可能的措施。

　　团队意识到开发衡量这些声明中概述的目标和服务的方法的重要性，并给出一些可能的措施。团队决定，这些措施的实际决策应该在领导团队对草案感到满意，并得到更大组织的反馈之后。

　　使命、愿景和价值观的声明草案应在关键群体中流通，以保证反应和投入。同时，领导团队也应该写一封信提醒他们贡献的重要性。主管也应该写一封信附在草案中以表明投入的价值。

## 结果

### 使命声明

　　迈尔斯通大学学生中心作为社区中心为学生、教职工、校友和他们的客人服务。作为校园社区的中心，它为多样和多元文化的大学社区和他们的兴趣提供了多用途优质设施。通过与学生工作人员、学生志愿者和学生组织合作，我们的专业工作人员提供了教育、文化、娱乐的服务和项目。这些服务和项目提高了大学生活的质量，补充了大学的学术经验。

### 愿景声明

　　我们将引导和设置高等教育中学生中心和学生的卓越的标准。

### 价值观

　　卓越：我们有信念去做我们擅长的一切和成为优秀的、可信的和有质量的教育家。我们努力做到最好。

　　领导力：我们通过授权给自己和他人来进行领导。我们教授公民和民主的概念，同时也鼓励创业计划。

　　创新：我们支持和促进创造力、承担风险和创新的解决方案。我们迎接改变，愿意把问题和挑战看作成长的机会。

　　服务：我们相信我们的利益相关者应该得到特殊的和优质的服务。我们承诺这些服务将在我们所做的一切中呈现出来。

# ✅ 第二阶段： 合作人和受益人

## 诺德斯特姆公司

如果你曾经在诺德斯特姆公司购过物，你会知道这意味着什么。好像愉悦的购物环境和友好的销售人员已远远不够，消费者可以自由退换货，不需要法律认可，不需要演练一小时预测可能遭到的反驳与不利情境。作为消费者，你必须知道，他们关注你的需求。你将意识到他们在做这些事时的智慧。不管是从利他主义的角度或是实践的角度说来，理解并努力满足你服务对象的需求都是很有意义的。

高等教育机构和部门，已经像其他组织那样，趋向于关注自身的和最直接的问题——只是如扑灭火灾或只是解决最近的危机。我们常常忽略这样一个事实：我们声称正在为了他人的利益而努力工作，但无意中忽视了主动去寻求那些组织真正的需求和期望的价值。

依据组织或部门的参照标准，该组织所考虑到的外部团体将不断变化。从概念上讲，这样的团体可以被划分成两个独特的集群：合作人——组织必须在完成目标导向任务的过程中与之协商的团体，受益人——组织为之提供项目和服务的团体（Ruben 2010）。

所有的组织需要回答以下问题："谁将从这个活动中受益?""为了促使计划发生,我们需要谁的帮助?"举例说来,如果该组织被视为一个完整的机构——一所学院或大学——受益人将包括现在的、未来的学生、家长、高中、校友、社区学院、社区、州和联邦政府、大众传媒等。合作人包括咨询或管理委员会、捐助者、产业合作伙伴和其他外部组织。

如果实施计划的组织是一个以学术指导、公共或外延服务为目标的学术部门,受益人将包括:学生、校友、资助机构和学科成员。合作人将包括其他学术和行政机关——例如:注册、调度办公室和其他诸如出版商、专业组织、州和国家联盟、研究机构赞助商等机构——该组织将与之协商学术活动。

对于为机构内的团体、组织提供服务的行政部门来说,知晓合作人和受益人的观点是重要的。在这些组织单元中,校园行政和学术部门是接受主要服务、项目的典型外部团体和组织。举例包括:人力资源部门、设备维护部、计算机维护部、赞助研究部、教师/行政委员会或其他行政、服务单位。又如,在设备维护部,外部受益团体和组织又包括接受保管、维护或施工服务的部门及与该部一起提供服务的销售商、供应商(Ruben 2010)。

根据被考虑组织及其项目、服务或活动,相关的受益人将包括以下一至多个:

- 那些从组织的活动、服务或项目中受益的
- 组织存在所依存的那些
- 那些有权决定使用或不用组织的项目、服务的
- 那些为组织、服务付费的
- 那些为组织工作提供基本的资源、技能的
- 那些对组织的成就和/或项目、服务、活动的评估已转化成财政或道德支持的(Ruben 2010,47)

所有那些从你的组织工作中受益或与你合作的团体对你的工作都极其重要——尤其是在计划进程中。每一个团体都是洞察力和专业知识的潜在来源。花时间去关注他们的想法及忧虑将帮助你兑现承诺,同时将提高你计划的质量,促进社区意识和团队精神,形成共鸣。而且,若没有将这些团体以某种他们认为重要的方式联合起来的话,会给计划的实施带来诸多

障碍——那本是些可以轻松避免的被重点关注的问题。格言"现在支付或以后支付"适用于这一领域。

## 合作人和受益人重点关注的问题

1. 谁是你学术性、支持性或行政性项目和服务的主要受益人？
2. 谁是你主要的合作人？
3. 你的机构、部门或项目将怎样从那些合作人和受益人当前的、未来的需求、期望、感知、优先级和满意度水平中学习？
4. 你组织的项目、服务和合作人、受益人的需求、期望间存在什么缺口？
5. 合作人和受益人将重点考虑哪个缺口？

## 第二阶段的计划要点

### 领导能力

该计划阶段主要的领导活动是加强对关键合作人和受益人的关注。更进一步说来，领导者在确保需整合关键团体需求的计划进程中扮演着重要的角色——知晓他们的担忧、观点——尤其是当这些涉及规划过程中触及的问题或细节时。

### 沟通能力

在计划阶段最首要的沟通能力是创建一个可以让合作人和受益人共同参与计划发展中的机制。在该阶段整个计划的流程中，应该为他们的持续参与提供平台。沟通应该是一个持续的合作过程，它始于关键个人和团体的参与，在分享进行中的计划、项目中持续，在收集关于修订和完善计划的反馈中前进。

### 评估

合作人/受益人阶段的评估关注于确定合作人和受益人的需求、期望、观念、满意与不满之处，特别是当他们涉及战略规划中的相关问题时。许多方法可用来收集背景信息。比较明显的是抱怨信和感谢信、临时对话、观察。包括调查、访谈、焦点小组、咨询委员会在内的其他一些有效方法也是获得反馈的常规方法。

**文化因素**

关于维护合作人和受益人的关系及该关系在计划过程或具体进展中带来的某种程度的正面意义，组织对其所赋予的权重是这个阶段的文化因素的中心。该阶段重点在于计划流程中组织内团体的态度、行为和合作人、受益人潜在的影响力。

## 第二阶段　练习

**合作人/受益人优先性排序练习①**

目标：此次练习能帮助读者理清当前组织内相关受益人、合作人的相对重要性。本练习计划帮助读者区分目标、战略、预期结果的优先次序。

问问你自己：

- 哪个外部团体或组织将从我们的计划工作中获益最多？
- 在制订、改进战略规划时，哪个外部团体或组织是我们最重要的合作人？
- 当今用来收集合作人、受益人的需求、预期、满意度及对我们计划流程的看法的系统方法是什么？

本次练习可以"突破组织"，然后集体讨论，或是整个练习都由大家组团完成。参考以下图 6 和图 7 中的问题，列出你认为的最重要的合作人和受益人，探究搜集他们的需求、期望和观念时的方法。

当参与者的反应存在差异，可以在进一步讨论后达成对组织内合作人和受益人的共同的理解。

---

① 基于 Ruben 的一个项目（2003c）。

从你的战略规划中受益的团体和组织

| | 什么团体和组织能直接从你的计划工作中获益最多? | 在搜集他们的需求、预期、观念及知识水平时运用的系统方法是什么? |
|---|---|---|
| 1 | | |
| 2 | | |
| 3 | | |
| 4 | | |
| 5 | | |
| 6 | | |
| 7 | | |

图 6　受益人优先性图表

在你的计划流程中你与之合作的团体

| | 什么团体和组织在战略规划中是你最重要的合作者? | 在搜集他们的需求、预期、观念及知识水平时运用的系统方法是什么? |
|---|---|---|
| 1 | | |
| 2 | | |
| 3 | | |
| 4 | | |
| 5 | | |
| 6 | | |
| 7 | | |

图 7　合作人优先性图表

## 学生中心的案例研究：受益人和合作人

每组留出一个关于受益人、合作人的讨论时间。在第二阶段提及的关键问题将主导整个讨论的进程。合作人/受益人优先性排序练习给识别与优先考虑关键受益人和合作人，判定其对计划流程的相关重要性提供了一种结构化的方式。完成此次练习让我们意识到：对于一个关键性团体，没有有效的方法来系统地搜集反馈，所以要重点关注核心小组和调查项目。下一步，他们开始初步沟通计划，提前考虑在未来的阶段可能涉及的主要受益者和合作者集团。

在此规划过程中，领导小组据流程进展的速度来完善简要的流程报告，该报告被用来维护组织内部及校园他处的稳定。这些简要的流程报告出现在包含小组活动信息的校园周刊上，因为该周刊已流转至所有的教职员工和学生，它成为了理想的交流媒介且不需要小组额外加工。

## 结果

### 关键的合作人

- 教务办公室主任
- 销售商
- 学生组织
- 学生志愿者

### 关键的受益人

- 学生、教师和工作人员
- 校友
- 参观者/访客
- 使用学生中心设备的内部、外部组织
- 周围的社区

# ✅ 第三阶段：环境扫描

## 狮子、老虎和熊！

对于 Dorothy 和她的朋友们来说，Oz 是一个不出名、可怕的地方。如果她环视四周，核查她的假想，并且将注意力聚焦在辨别真实的与想象中的威胁和可能的机会上，她的旅行就会少一些压力。谁知道呢——或许她会在完成旅行以后很快回到堪萨斯州。

与 Oz 一样，在环境中的任何组织运转都充斥着各种各样的假设、威胁和机会（社会的，经济的，政治的，监管的，财政的，技术的以及组织的）。这些威胁和机会正在不断地变化并且经常隐藏，使得事情进一步复杂化。而且，即使面临相反的证据，假设也常常维持固定。不管怎样，她们充分了解环境的威胁和机会以及基于环境气候作出假想，进而形成一个规划结果，远比她们忽视这些好得多。

## 关键的环境扫描问题

### 社会的

1. 在国家内，同行和竞争者之间，当地社会之间，组织内，高等教育应在规划进程中予以考虑，当前趋势，思考模型以及考虑是什么？

2. 在强调这些考虑时，对高等教育（或者你的机构、部门或者项目）应当扮演角色的问题存在什么样的期待？

3. 关于你的组织当中受益者和合作者的感知，你作了怎样的假设？

4. 考虑到任务、受益者和合作者以及外部环境的现实，是否存在机会创造一个新眼界或者利基市场？你的组织如何才会优秀？

5. 是否在外部利益相关者之间存在一个假想，即你的机构和组织提供的项目和服务需要改变？

6. 强调当前需求和为未来的推测而准备存在什么样的机会？

**经济的**

1. 运作的一般经济气候是什么样的？

2. 你的机构、部门或者项目主要的资金来源是什么？以及资金来源当前受到怎样的影响（有利的和不利的）？

3. 什么样的深刻变化参与到未来会在你的规划结果考虑中很重要？

4. 考虑到这些动力，对于创新和改变存在什么样的必要或机会？

5. 关于你使用或者不使用额外资源的影响能力存在什么样的假设？有其他人分享这些假设吗？是谁以及达到怎样的程度？

6. 对于核心利益相关者提供资源来支持你的项目、部门以及机构的革新的意愿，你作了怎样的假设？

**政治的**

1. 考虑组织的任务、视角以及价值，当其推进时，可能影响规划的核心外部政治问题是什么？

2. 领导（组织内或组织外）参与改变了吗？以及这些改变的复杂性是怎样的？

3. 最重要的受益者和合作者的观点可以影响你组织的方向，他们有哪些人？对他们而言，当前需要给予特殊考虑的政治问题是什么？

4. 为强调挑战问题以及形成组织的先进性，构建有效的模式、集合以及参与者网络，存在什么样的机会？

### 监管的

1. 关于需要对这个领域付出的关注程度，存在什么样的假设？

2. 在你的规划效果中需要考虑哪些法律、政策或者程序？

3. 这些改变如何影响机构、部门或者项目的当前任务或者未来发展方向？

4. 为了强调这些改变，你的规划进程中包括或者应当包括哪些策略？

### 技术的

1. 对于组织的技术发展方向你作出怎样的假设？

2. 在运送你的项目或服务过程中，技术扮演什么样的角色？

3. 参与技术革新会影响到你的规划进程或者结果吗？

4. 作为规划进程中的一部分，同行或者竞争者正在使用的项目或者服务革新哪些是你可能考虑的？

### 组织的

1. 在组织内部或者大组织之间，什么因素会影响到规划效果的成败？

2. 在你的组织内部存在什么样的规划假想？大机构内部的规划假想呢？

3. 这些信念如何影响规划进程？为了改变任何可能呈现给进程阻碍的事情，可以做些什么呢？

4. 什么问题会导致阻抗以及在规划进程中缺乏支持？什么情况会支持进程？

## 第三阶段规划的必要条件

### 领导力

和环境扫描相关的领导力核心作用在于，支持坦率，打开一系列环境因素以及会影响规划进程和结果的分析。

### 沟通

在这阶段规划中的沟通应当支持系统化的信息目标，搜集相关外部环境的、经济的和政治的问题。坦率和在组织内部进行环境结果的建设性分享是关键的，特别是在那些将会参与到规划进程中的人之间。

### 评估

这阶段评估相关的核心领导力聚焦于获得假想以及主要设想的威胁和机会的准确性。这些假想的威胁和机会可能对规划进程的成功和结果很重要。

### 文化

这阶段的注意力聚焦于理解已辨别或者申明的忧虑、资本发展策略或者让那些项目的影响最小化，那些项目会积极或者消极地影响规划进程或者计划实施。

## 阶段三  练习

### 优势，弱势，机会和威胁（SWOT）分析法

#### 目的

这是一个能够影响组织战略规划流程和结果的简单但是很容易理解的识别优势、劣势、机会和威胁的办法。（见图 8）

- 选项 1——对于这个网格中的每一个象限，优势，劣势，机会或者威胁的识别能够影响规划流程，包括规划实施。一定要考虑到在这个模块的关键问题中提到的大类（和具体的问题）
- 选项 2——承担一个针对主要股东的简单调查，识别他们的优势/资产，劣势/责任，机会和能够影响规划流程的威胁，包括规划实施。基于调查结果列出一份名单，并且把它发给规划团队展开讨论。

| | |
|---|---|
| 留意可能会影响计划过程的组织的优势 <br> **S** | 留意可能会影响计划过程的组织的劣势 <br> **W** |
| **O** <br> 留意可能会影响计划过程的机会 | **T** <br> 留意可能会影响计划过程的对组织的威胁 |

图 8　SWOT 分析

### 亲和图练习

#### 目的

　　亲和图是将大类中的大量想法进行收集、分组的工具。作为一份补充练习，亲和图可以被用到头脑风暴和分类假设、威胁和更具体的机会中。（见图 9）

- 分成小组
- 对具体规划问题的头脑风暴回答，将想法记录到 Post-its™（一个想法一个 Post-it™）（见图 9 中的例子）
- 确定三到五个这些想法能够被分类的主要种类
- 通过将单独的 Post-it™，将被列举的条目分类到这些种类下。如果一个条目属于一个以上的种类，把它复制下来，并将它放在所有种类下
- 在规划流程需要的地方讨论结果并且作出适当的调整

## 里程碑学习中心（MSC）案例：环境扫描

　　这个团队认识到对于主要环境扫描问题的回答可能会有很大的不同，但是它对这个委员会（里面是各种层次的员工代表，主要合作人和受益者，教员，学生和社区代表）能够使重要的假设，威胁和机会表面化充满

1. 头脑风暴问题：我们规划工作的关键成功因素是什么？
2. 样本回复：
- 发现人们需要什么
- 公开和透明的流程
- 在机构内用合适的标准规划群体
- 充足的时间来进行规划
- 对界限和约束（投资、组织能力等）的理解
- 所有级别的支持
3. 主要成功因素分类

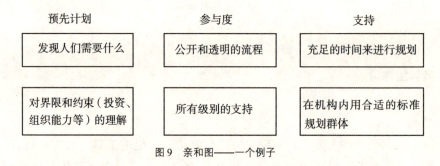

图9 亲和图——一个例子

信心。

使用 SWOT 表格，这个委员会发现了主要问题。一旦主要的列表完成了，他们就开始更深层地分析每个种类，识别这个群体所认为的对规划流程很重要的具体假设、威胁和机会。亲和图被用来组织，巩固和展示每个区域的回答。

在随后的会议中，这个群体分享他们的结果以及讨论所使用的流程。这些条目在一些其他重要的群体中被传阅，从而获取一些反应和可能的添加。同时，它们保留了阶段性检查规划流程和选择战略的重要参考点。作为环境扫描的结论，这个团队创作了对最重要发现的总结。在几个时间点，这份扫描总结被更新和评论。

## 结果

### 假设

- 学生中心项目和服务被高校社区看作整个学生教育经验的重要成果

- 有鉴于此，里程碑学习中心可能发展其服务和项目的相对稳定的核心观众
- 里程碑学习中心提供食物和沟通的场所
- 里程碑学习中心能够继续依靠被迷住的观众来保证其参与赞助项目，新的项目和服务

## 优势

- 这个中心很有战略眼光地坐落在校园中心，这使得它成为教工、职员和学生的天然中心
- 过去的项目很强大，有创意
- 美食广场被修复了，根据一项关于学生兴趣的调查，供应商选择也更新了

## 劣势

- 最近预算的裁减导致继续开展社区所习惯的水平的服务变得不可能
- 在过去的改革和创新中起先锋作用的指挥者退休了，而且这个位置还是空缺的

## 机会

- 改善硬件环境，使它们与里程碑学习中心竞争对手（教堂，讲座，互联网等）更接近，将会带来更多的观众
- 里程碑学习中心能够（1）确定不需要承担更多的花费（实习，为了分享员工与其他机构的合作）就可以延长时间的办法；（2）找到能够满足学生关于简单有趣的活动的需求的创新项目；（3）改善在一些领域，诸如沟通和领导力，教员教育项目的关系；（4）发展能保持现有观众并且吸引新的群体的新方法来营销这个中心（创造市场，新的观众和新的形象）；（5）发掘领导连锁咖啡馆的食物服务的外包可能性

## 威胁

- 其他商业组织（Borders Books，星巴克，甚至是学校图书馆）被认

为能够提供和里程碑学习中心所提供的相同水准甚至更舒服的环境（开放时间长，位于城市中心）

- 可能的预算缩减会导致服务的减少，这让学生中心与其他机构比起来处于劣势地位
- 如果核心观众（教员，职工和学生）去其他地方享受美食和交流，项目和活动的参与度（以及资金）会变少
- 数据显示越来越少的学生会在课前和课后待在学校，这就意味着晚间时段观众越来越少

# ✅ 第四阶段： 目标

## 跟着那头大灰狼

有没有注意到，组织的清晰度如何使事情变得简单？在大灰狼的故事中，大灰狼性格单纯，来自西南方，许多人可能会说它太简单了。然而，当我们面临时间、能量，以及注意力与无条理、随机活动之间的选择时，大多数人都想成为大灰狼。

虽然我们没有边走边谈论自己每天的目标，但它们却操纵着我们的意识，并指导我们的选择和行为。在追逐愿景，解决阻碍进展的重大分歧时，他们代表了方法的有形表达。此外，目标为我们提供了一个参考点，来衡量这些选择和行为所导致的结果。

战略目标服务于组织的相同目标。他们为组织内的部门、项目或个人提供了明确的目标以及衡量工作与业绩的参考点。组织的目标都是"宏观的想法"，推动组织更接近愿景。他们提供了共同的方向，并将机构、部门或项目的使命、愿景和价值观转化为有形并特定的目标。也就是说，他们必须明确，共享，可行，并且像重视结果一样重视过程。

与其他模型不同，高等教育战略规划模型无需匹配目标与具体目标。

在一些框架中，就特定战略的发展而言，具体目标是特定目标的子集或部分。根据经验，这些子集的错综复杂，远远超过他们对目标发展过程的明确，或是对目标与相关战略和行动计划之间概念联系的明确。反之，高等教育战略规划模型强调发展强大、明确的目标，以及与此目标关联的精准战略。

## 目标设定的指导方针

### 校对使命与愿景

目标是前期规划过程工作的有形结果。因此，目标应该定义四到五个高层次的愿景或者成就，引领组织更快地实现愿景，解决重大的分歧。在展示目标时，应该蕴含专门的行动和测量方法。在设定目标时，审查关键的输入、理解、假设、威胁以及机遇。领导者要保证同事专注于这些内容，从而确保所选的目标不偏离。

### 重要的利益相关者

记住，目标的最终受益人是利益相关者。合作者、受益人以及组织应该能够看到既定目标的价值，并明白这些结果如何解决重要的争议。

**合作。**谁需要设定目标？不同的组织有不同的实现方式；在一些组织内，领导制定目标，而在另外的组织内，领导团队制定目标。一般而言，合作团体过程有助于进一步的理解与双赢。无论如何，这些目标都应该限定于几个高层次的愿景。与规划过程的其他方面一样，一旦制定目标，务必要获取主要受益人和合作者的反馈及反应。

**工作重心，排序和时间。**每一个高层次的目标都代表了变革的一个基本主题和方向。太多目标——意味着太多主题——可能会削弱组织的规划及改进工作，仅仅形成普通的成就。一旦发生，向前的进度和斗志就会受到影响。成功，以及对成功的感知，是很重要的。优先考虑关键目标，并确定第一年、第二年、第三年分别完成几个目标，完成哪几个目标，并持续到计划的最后一年。虽然完成某一工作，可能会同时实现所有目标，但一般不推荐这种方法。因此，在未来的五年内，团队必须为每个目标划分不同的阶段。工作随时间展开，有些可能提前完成，其他的可能正在进行。有的团体可能会优先考虑被视为至关重要的因素，并在特定的一年中，聚焦于这些目标的所有方面。

### 写下目标

用简单、易于理解的术语阐释目标。为那些不太了解或不知道组织细节的人，写下这些目标。

### 可测度性

你可以很容易地确定组织是否已经完成这些目标，并用这种方式阐述目标。你应该可以回答这些问题："如何知道我们已经取得了目标结果？我们的利益相关者赞同成功指标的正确性吗？"

### 资源

明确资源的可用性和约束，并在目标设定过程中，指导资源景观的变革。

### 方法

建立可实现的目标——但要求实现创造、创新和能量的延伸。

## 关注大局

人们常说，旅程比目的地更重要。不管是组织的假期规划或是战略规划，这种思想都很明智。也就是说，聚焦于实现完美的假期，或是写下完美的战略计划，可能都是错误的。焦点也许是制订一个切实可行，但不太完美的计划，进而将愿景转化为驱动这些活动的目标。规划总是以忙乱开始，并滞后于这些活动所支持的目标。一旦开始，结果经常是起草一份项目清单，侧重于症状，而不是根本原因，以及支出能源、资源和承诺于较小的问题或难题上，而不是在组织和受益人的广泛利益上。关键在于确保目标已有效地采集你的愿景和愿望。只有这样，才能解决完成目标的细节问题。

## 关键目标问题

1. 列出你的使命，愿景和价值观；清楚地了解你的受益人与合作者；环境假设意识，挑战意识，机遇意识，意识到哪些主要领域是战略规划的重心？

2. 你的机构，部门或项目想在今年实现哪些目标，未来的三到五年呢？

3. 什么是紧急问题，他们为什么特别关键？（为什么紧急？其影响如何？）

4. 如何将这些紧急问题或分歧描述为目标？

5. 你表达的目标，与更大的组织或机构目标及重心保持一致吗？

6. 组织目前追逐的目标，如果有的话，是什么？这些目标是由你选择，或是由你所在的组织或机构推荐，或强制执行的？现在的目标能够融入或匹配新目标吗？

7. 有效处理已选择的目标，是否在组织的控制和能力范围内？

8. 在组织内建立目标，存在哪些机构或组织的约束及认可渠道？

9. 目标会归入一个逻辑序列吗？也就是说，实现部分目标是追逐其他目标的先决条件？

10. 什么关键因素会影响你能够实现目标？

## 阶段四的规划要点

### 领导

领导，与目标的建立相关，其重点在于确保目标的明确性，连贯性，恰当性，以及可测度性；与使命、愿景和价值观匹配；关注相关利益者及其意见；知悉从环境浏览中推断出的见解。领导者应该监督目标设定过程，进而确保目标（短期和长期）明确推进组织的既定方向，处理关键需求，并在同事的恰当输入中得以建立。注意，不要因为他们切实可行，而选择一系列有吸引力的短期目标，除非他们能够推动组织的长期议程和愿景。

关于特定的目标如何影响预算或被预算影响，需要进行充分的讨论。首先，这个过程应该确定预算审计的原则。对于每一个预期的变革，反映对重要群体的影响很有必要。考虑对功能、项目或服务的基本保护；考虑能够提高项目或服务效率或降低成本的变革；审核可以减少或消除的项目、服务。

## 沟通

沟通在构建恰当、共享的目标中，至关重要。需要特别注意的是，让关键的个人和团体为目标设定过程提供输入，并对最终选择的目标进行信息传播。特别是在沟通过程中，沟通发生在目标设定之后，明确的消息就像所选的目标一样必要。关注沟通规划（在下章"战略与行为方案"中进行了细致的讨论）非常重要。

## 评估

在此阶段，其重心在于，评估内外部合作者与受益人对计划中"正确"目标的认识和接受度。开发一套系统反馈方法，并指导你在方法的使用中，如何提高规划过程，以及总体计划的实施。

## 文化

这个阶段的中心问题是，预期文化阻碍和促进因素，就目标的恰当性达成共识，同时识别出与目标实现相关的感知困难与真实困难。

# 阶段四　练习

## 目标制订过程

目的：这个过程为目标的建立提供了方法，此目标来源于组织的核心愿景，并与之匹配。通过确保规划小组能够描述每个目标的核心思想，从而实现目标。此活动的宗旨是，确保规划的重心处于高层次的目标和目的上，不允许向低层级战略及任务的讨论上转移。以使命，愿景，价值观和环境监测数据为向导，促进小组头脑风暴会议是最有效的过程（详见图10）。

| 目标#：_____ | | |
|---|---|---|
| 目标声明：_____ | | |
| 目标描述：_____ | | |
| 需处理事项 | 受影响的团体 | 如何与更大的组织方向匹配？ |
| | | |
| "高校战略规划"，威斯康辛大学麦迪逊分校规划与改进服务，质量改进办公室，1999 | | |

图10　目标说明模板

对于每个目标：

用具体、可度量的术语，描述高层次的愿景（目标），关注你正在处理的需求，问题或分歧。以"为了"开始每项声明。（例如：为了增加部门间的智力交换及合作，以此提高研究的卓越性。）

每个目标都包括了一个简短的描述，明确目标要实现什么，及其重要性。注意，描述必须通俗易懂。

刺激这种分析的一种方法，就是通过使用各种类型的动词，进而明确目标与特定组织愿景之间的关联。例如：

- 一般性动词——适应、领导、监督、手机、完成、执行、服务、传达
- 可生性动词（使事情发生）——制定、修改、构造、增加、设计、修订、制造
- 研究性动词（校验）——分析、探索、优先考虑、调查、验证、实施
- 咨询类动词——建议、通知、协商、辅导、引导、指导、提议、用基准问题测试
- 协商类动词——安排、建立、协调、促进、组织、领导、指挥

● 合作类动词——调解、促进、说服、支持、鼓励、帮助、分享

里程碑学生中心案例研究：目标

领导团队正处于这样一个阶段：准备制定专门的目标，形成计划的核心部分。然而，问题在于，包括几个目标，目标的层级，以及所选目标的相对优先级。

团队成员认为核心部分的明确很有必要，他们开会讨论了使命，愿景，价值观，以及前期收集的环境检测信息。他们同意，在评估数据和环境检测信息的基础上，应该关注现实目标的发展，进而推动使命，推进愿景，并解决相关利益者的需求和组织分歧。

他们认为，最好的办法就是在领导小组的带领下，确保关键的利益相关者的输入和反应，与草案的过程相一致。他们开始识别关键的利益相关者在反馈中重复提及的主题，并从环境数据的视角讨论这些主题，从而确定影响既定结果的潜在阻碍因素和促进因素。检查既定目标，使命，愿景，以及价值观声明，确保他们与组织方向一致。最后，选择最有意义并能够完成的 5 个变革。领导团队使用目标说明模板，着手目标的第一份草案（图 11），然后获取关键团体的反馈。精化目标声明，重复审核过程。随着规划过程中每个阶段的完成，将草拟的目标挂到部门的网站上。

将会对下列因素产生什么影响

| 如果我们作此变革 | 学生 | 教职工 | 合作的外部团体或伙伴 | 潜在合作者 | 资源 | 战略规划 | 高校战略规划 | 其他领域 | 评论 |
|---|---|---|---|---|---|---|---|---|---|
| #1 | | | | | | | | | |
| #2 | | | | | | | | | |
| #3 | | | | | | | | | |
| #4 | | | | | | | | | |
| #5 | | | | | | | | | |
| #6 | | | | | | | | | |

源于威斯康辛大学麦迪逊分校质量改进办公室，使用已被授权

图 11　预算矩阵

结果

目标 1：“事物、谈话、和课程计划”是教职工和学生的首选。

目标 2：为多元文化社区的多样需求提供响应性的项目和服务，并加深学习过程。

目标 3：在学生事务中，取得领导地位。

# 第五阶段： 战略和行动方案

## 细节的重要性

和大多数事情一样，做规划归根结底就是要注重细节，尤其是在计划发展和实施的过渡阶段。你手头上的任务就是要仔细开发这些能够实现你的目标的战略和行动方案，即你将如何完成这些目标。请记住，对很多人来说在这个程度了解你的计划工作很简单，同时也是在这个程度，组织中的大部分人同股东一样，都会非常关注。

## 关键性的考虑因素

影响战略和行动方案的核心因素有：确定优先级和所有权、分配工作、确定资源、突出促进者和阻碍者、发展传播策略。

### 优先级

在有限的时间、精力和资源的条件下决定事情的顺序，以及为什么这样的安排能够使得计划工作最终成功。确定优先顺序包含以下标准：

- 紧迫性
- 影响
- 对整体组织的利益
- 处于能力控制范围内
- 其他目标或计划的先决条件
- 有引人注目的愿景
- 有效的组织支持

## 所有权

我们都听说过这个说法"如果每个人都在掌管,事实是没有在掌管",我们每个人都有过这种情况的切身感受。至今,基于大型大学社团、主要合作者和受益人的输入和反应,这个规划过程已经关注在一个相对较高的水平,并且在领导团队的带领下完成了大部分。此时,焦点要从大目标转换到具体的战略和行动规划上来。因此,领导和所有权应该转移到项目阶段。领导权的转移是通过分配任务到具体的个人或团体来保证成功完成每个战略和行动规划。这个步骤的重点在于明确职责和确保问责。

## 分配工作

在发展战略和行动规划时要学会在任何需要时利用已有的组织结构、员工以及员工的专业知识。例如,一个目标是创建"文化服务",战略是开展迎新活动,包含人力资源部的员工以及有着教学和研究专长的员工。

## 资源

资源在这个阶段同样是关键因素。有两个关键的问题需要考虑:我们将用它来做什么?以及我们已经拥有了必要的资源吗?这两个问题对计划有着深刻的影响,以至于很多组织都是从这两个问题开始着手的。在很多组织中,如果没有确保支持该工作的国际资源,部门战略规划就不会开始执行。一些部门会被期待去贡献一定比例的预算来支持机构战略规划目标。无论你的组织机构的方法是什么,拥有资源来支持你的计划是必须的。

#### 支持者和阻碍者

支持者和阻碍者会在规划道路上的不同地方出现。一旦目标和他们相应的战略和行动规划制定好了，就会有大量的支持者和阻碍者出现，他们要么帮助推进计划要么阻挠计划的实施。领导和组织文化这两个因素非常重要，在给各个目标制定战略时都应考虑进来。此外，各个战略都可能会有相应的支持者和阻碍者。比如，改变的时机及其对服务的影响、个人的工作量、对政策或步骤的灵活转变。

#### 传播策略

尽管沟通在规划过程中的每一阶段都是至关重要的，但是它在开发战略和行动规划上有着更加重要的作用。制定一个能够明确各参与方的沟通需求的沟通方案对成功有重要作用，这个沟通方案要确定适当的消息和媒体。重视用户化的传播策略能够有效抑制非预期不良反应，并且促进支持和沉溺于即将来临的工作。

#### 计划的实施

成功的实施战略规划意味着将目标转化为行动、沟通并监管这些目标、评估过程。同战略规划过程一样，对于规划的引进、对拟定变更的支持，以及认同规划，对未来的美好蓝图的关注是规划实施的最重要影响方面。

## 对于战略你需要知道的

对一个目标可以制定一个或多个战略。在定义战略的时候，制定具体的、相互排斥的声明是非常重要的。对于各个战略，确定个人或团队对任务完成的责任、建立现实的时间表、制作合理精确的财政预算都是规划实施的重要因素。

行动规划细分出了什么需要完成，由谁完成，以及什么时候完成等问题。这些计划划定短期行为（即在不久的将来要将组织导向正确的方向使其达成目标）和长期行为（即包含更多复杂的、渐进性变革，有些能够改变任务、愿景及企业文化)。

为了使过程的效益最大化，及确保那些没有直接参与规划进程的人们的支持和理解，审查决定的基本原理、描述行动计划、确定谁会在何时做什么这些问题都是非常重要的。

## 关键的战略和行动规划问题

### 计划发展

1. 每个选中的目标最合适的战略是什么，这些战略将如何转化为行动规划？

2. 保证战略和规划的成功的关键因素是什么？比如：

a. 关键受益人和合作者的支持（例如，教职工、员工团体、或者学生）

b. 清楚的沟通

c. 领导支持和强化

d. 特殊资源

e. 技术支持

f. 对文化问题的关注

g. 变革管理

3. 成功所需要克服的障碍，以及如何克服？

4. 各个战略及其相应的行动规划

a. 谁（或团队）负责项目的监管？

b. 什么样的个人能够成为项目团队的一员？

c. 由谁来召集/领导这个计划？

d. 你如何沟通这个计划，以及与谁沟通？

e. 完成计划所需的关键步骤和任务是什么？

f. 逾期交付的成果是什么？

g. 合适的时间表是怎样的？

h. 你如何将项目转化为行动？

i. 你将如何衡量各个战略和行动规划的影响和效益？目标的实现？进

展的愿景?

**计划实施**

1. 行动是如何同步解决计划和目标的?

2. 什么样的沟通方式能够有效地促进实施?

3. 如何鼓励教师、员工及其他关键团队的参与?

4. 如何确保计划的跟进?

5. 组织的资源、能力和企业文化在计划实施过程中是如何考虑进来的?

6. 各个项目关键的沟通问题是什么?

a. 最重要的观众-受影响的对象是谁?

b. 这些团体可能关心的问题有哪些?

c. 提供给各受众的合适的信息是怎样的?

d. 将信息传达给受众的最有效的途径是什么?

e. 你期待你的信息能够产生什么样的影响?(例如,认识、知识、特定行为的提高等)

f. 你如何衡量沟通计划的效益?

7. 当你开始实施行动规划,你认为哪些地方可能会出错?

a. 人员问题?

b. 资源问题?

c. 沟通问题?

d. 时间问题?

8. 实施过程中的故障和变更该如何解决?

9. 共同考虑计划和目标,你将会采用什么指标来测量计划过程的认识和理解?

10. 如何鼓励计划实施过程中的反馈?

## 阶段五中规划的重要因素

### 领导能力

道格拉斯里夫斯将战略领导能力定义为"同时执行、评估和制定战略的行为，关注最有效的战略的组织能源和资源"（2002，103）。从这个角度来看，阶段五中领导应该关注来自于组织中关键人物的输入，指导和鼓励开展关于组织变革促进者和阻碍者的开放式讨论，重新思考和调整战略和行动规划来推进计划的实现。具体来说，这可能包含如下决定：由谁来发展战略的（领导团队或有领导团队任命的其他团体），行动计划中所需要达到何种级别的细节，什么样的资源是可利用的，时间表应该如何规划，例如，领导团队中各成员在各关键方面的任务监督责任。

## 沟通

实施过程中的清晰且频繁的沟通对于维持合作者和受益者的兴趣及热情有着重要作用。利用电子邮件、基于网络的通信和"新闻广播"。鼓励个人或项目组致力于发展能够实现目标的途径。利用沟通计划矩阵能够帮助确保沟通策略的完整发展。

## 评估

过多的战略计划程序及其合成计划导致了一个致命的弱点——对评估结果的关注太少。对一个战略及其行动规划的评估应该由一个简单的问题来指导——"你如何指导你所做的达到了期望的结果？"行动（多少事件率和数量指示了具体的反映或未来的意图）以及影响（是否达到预期的效果），这两个部分对于一个有意义的评估有着重要作用，并且是确保实现战略方向的核心。

为反馈创建工具能够帮助你防患于未然。重访环境扫描阶段来确定任何能够影响战略和行动规划的变更。确保计划实施的评估，及其在未来能够得到提升的方法，以及评估认同和支持（财政上、感情上、政治上）的方法、时间表。

## 企业文化

此时应该回到环境扫描阶段再看一下，并且同你建议的战略和行动规划来比较下。通过这样的方式你就能够预测潜在的反对意见、延迟或负面报道，并且在实施之前阻止清除这些障碍。领导能力在此受到的挑战是理解大企业文化在实施转变中所扮演的角色，与关键利益相关者一起预审提议的战略，鼓励反馈来完善计划，并且全力以赴地支持。

## 阶段五　练习

### 目标/战略工作表

目的：这张工作表提供了一个简单的、结构化的方法来抓住一些重要的方面，这些重要的方面与一个特定的目标有关——确定你将要使用的策略、所有权、完成时限和判断你是否在取得进步或已经实现了既定目标的措施（影响和活动）。当一个团队合作完成任务时，矩阵是最有效的评估方式。（见图12。）

目标：_____　陈述：_____

| 策略 | 负责人 | 完成时间 | 成果测量 |
|------|--------|----------|----------|
| 第一 | | | |
| 第二 | | | |
| 第三 | | | |
| 其他 | | | |
| 其他 | | | |
| 其他 | | | |

图 12　目标/策略工作表

对每个目标来说，要确定相关的策略，并决定由谁负责整个项目，战略目标应该什么时候得以实现，以及那些可以告诉你你是正在取得进步还是已经实现既定目标的措施。在合适的地方，确保包含了活动和影响对策。

这张工作表对于评估规划过程相关的目标以及规划本身相关的目标都很有帮助。

### 促进/阻碍因素工作表

目的：该过程可以让领导团队成员评估完成特定策略所需要的内容。

产生的工作表可以帮助回顾、讨论并恰当修正策略。这一过程也可用来评估与特定策略相关的行动计划。(见图 13)

| | 目标 1: | 促进因素（需要哪些相关内容来实现?) | 障碍因素（哪些妨碍成功的因素?) |
|---|---|---|---|
| 策略 1.1 | | | |
| 策略 1.2 | | | |
| | 目标 2: | | |
| 策略 2.1 | | | |
| 策略 2.2 | | | |
| | 目标 3: | | |
| 策略 3.1 | | | |
| 策略 3.2 | | | |

图 13　促进/阻碍因素工作表

1. 对每一个与特定目标相关的策略，注意何时何地需要哪些内容来实现，以及可能的阻碍。

2. 与领导团队讨论并使用这些信息来利用促进因素和消除预期的障碍。

**交流规划矩阵**

目的：该矩阵能帮助确定参与或被策略和行动计划影响的受众，他们的知识、态度和行为对事业的成功与否很重要。这样做可以有助于基于受众的分析，从每个人的角度确定关键话题、需要的信息和交流目的及策略。(见图 14) 为每一个策略和行动计划完成一个单独的矩阵。

交流的结果、对象、焦点（如需求、疑问、担忧和抵抗），通过哪些人的哪些渠道使用哪些信息？

| 预期结果 | 受众 | 焦点 | 信息 | 交流方式 | 信息源 |
|---|---|---|---|---|---|
|  |  |  |  |  |  |
|  |  |  |  |  |  |
|  |  |  |  |  |  |

图 14　交流规划矩阵

1. 通过列举策略和行动计划确定所有可能被影响的群体（受众）。

2. 思考每一个被影响的团体的可能反应/态度。（理想情况下，你可以从之前的采访、小组分析或针对该阶段的调研获取数据）确定与每一群体相关的潜在的需求、问题、担忧及抵抗。

3. 确定如何最好地处理每一团体的担忧，起草能被用来达成这些结果的恰当信息。

4. 理清想要的交流结果。例如，我们的目的是增强意识或知识、鼓励特定行为、克服某种抵抗力或增强支持？

5. 确定针对每一个受影响团体的最恰当的交流渠道/方式。例如，接触这个团体最好的方式是小区会议、实时通信还是电子邮件？

6. 确定最佳信息来源。例如，该信息应该来自部门领导、主席或者团队领导？

**行动规划关键模板**

目的：该模板处理了活动规划的关键领域。它能引导特定行动计划负责人的讨论并提供实施行动计划的结构化方法。它通常由领导小组完成，当形成后由项目团队使用。（见图 15）

针对每个行动计划，注意以下相关信息：

- 策略描述——用一至两句话清晰定义项目范围
- 关键步骤/活动——项目规划需要包括哪些广泛的活动？
- 潜在成员——小组中应有哪些成员来为项目提供最佳的信息来源、想法和专业知识？
- 召集者——安排第一次会议的负责人

- 资金考虑——项目实现需要哪些资源？维持需要哪些？现存哪些资源？存在哪些问题？
- 交流和参与事务——如何让他人时刻了解进展？如何促进项目的双向沟通？如何让他人了解相关建议/改革？
- 可交付成果——项目结束时将产生哪些成果？（如报告、全新/修正过程、调查、网站、出版物、新方法或专题论文集）
- 时间表（启动时间，里程碑，目标完成日期）——项目的合理时间是多少？（铭记操作日程表、通告改革时间表等）
- 效果测量——哪些信息能表明成功实现了预期陈述的结果？
- 怎样启动项目（多选）——需要确保哪些内容来推动项目？
  - 委派现有的委员（如果是的话，选哪一个呢？）
  - 委派院长办公室
  - 成立特别小组

| 目标_____ | |
|---|---|
| 策略描述_____ | |
| 关键步骤/活动： | 潜在数量： |
| 1. | |
| 2. | |
| 3. | |
| 4. | |
| 5. | 召集人： |
| 资金考虑： | |
| 交流和参与事务： | |
| 可交付成果： | |
| 时间表（启动时间，里程碑，目标完成日期）： | |
| 效果测量： | |
| 1. | 3. |
| 2. | 4. |
| 怎样启动项目（多选）： | |
| □ 委派现有的委员（如果是的话，选哪一个呢？） | |
| □ 委派院长办公室 | |
| □ 成立特别小组 | |

图 15　行动规划模板

## 里程碑式的学生中心案例研究：策略和行动计划

到此阶段规划过程已进行了三个月，目标也已于几周前确定。一整天的工作会议理清了目前已经做的工作，回顾了目标并开始记录关于实施策略的想法。规划领导团队的全体成员都有参加。在会议开始之前，与会人员被要求单独完成目标/策略工作表并准备好在会议中讨论自己的想法。这样做比大家共同完成效果更好。

小组决定以讨论关键问题开始会议，就像规划过程之前的阶段一样。领导团队中一人扮演推动者，让小组一起进行头脑风暴并评估每一种潜在策略的价值和效果以及相关的行动计划。会议也让小组确定拥有权、资源、时间表和测量细节。在策略和个人行动计划层面都确定了潜在的促进和阻碍因素。大家在合适的策略和相关行动计划方面达成一致意见后，就将注意力转向如何最好地传达这些决定。

通过使用早期制作的关键赞助者和合作者列表，领导团队扩大交流规划矩阵，吸收被策略和规划影响的每一个群体的可能反应。对于每一团体，团队试图预期其需求、疑问、担忧和潜在的抵抗领域以及哪些信息和交流渠道能最有效地为行动获得支持。他们也认真考虑确定传达这些信息的最合适的人选。

基于以上信息，团队起草了一个交流计划并规定了各人的职责。团队成员承担了向关键人物交流目标、提出策略和行动计划的任务。此外，领导小组要求受过训练的推动者联系合作者和赞助者的小组确定他们是否同意相关改革，明确他们对关键活动和效果测量的看法，以及任何未解决的担忧。

一个月之后计划开始执行，也建立了评估时间表来确保在关键节点的成果汇报和评估并寻求反馈。具体策略和具体行动计划的交流和评估要求也被设计在执行过程中。

### 结果

目标1：在饮食、对话和合作课程方面成为教职员工和学生的首要选择

策略 1.1：在 2004 年 3 月 1 日之前设计并执行一个完整的反馈体系来评估对当前项目和服务的满意度

效果监测：认可 MSC 对机构任务的贡献；对核心项目资金的影响

行动 1.1.1：随机抽取教职员工和学生进行以网络为基础的需求评估

责任：评估团队

资源：实习学生；网络支持

时间表：2003 年 11 月

评估：

活动评估：调查参与率

效果评估：使用数据来满足客户需求和愿望

推动因素：满足学生希望参与部门规划的愿望；相对廉价、易用的以网络为基础的软件。

潜在障碍：不愿意获取可能是负面的反馈；学生和教职员工较忙，缺乏回应；没有当前的数据作为基准；有限的新资源。

行动 1.1.2：分析、理解并汇报结果

责任：评估团队

资源：与机构研究办公室的合作；网络支持

时间表：2004 年 1 月

评估：

效果评估：能够影响部门的策略规划方向

推动因素：使用电子方式共享结果

潜在障碍：数据分析所花的时间；可能无法让机构研究办公室成员来协助项目

行动 1.1.3：通过部门网站宣布关键发现

责任：评估团队

资源：学生——独立研究；网络支持

时间表：2004 年 3 月

评估：

活动评估：点击率；评论和提问的数量

效果评估：熟悉项目；使用他人的信息；确定受众的独特需求和期待

推动因素：组织内部熟悉且倾向于使用网络为基础的交流；可以同时

接触多个利益相关者。

  *潜在障碍*：大量复杂的数据；没有网络的个人；不同利益相关者的不同信息需求。

## ✅ 第六阶段：制订计划

### 堪萨斯我们来了

这是 Dorothy 的一次较长的旅程，她不断开拓新领域，创建一些持久的友谊，她勇敢面对猴子，征服女巫，并从中学到了很多。有些人认为她肯定会成功回到堪萨斯的。

同理，在这一点上，通过技能、运气和大量的帮助，你探索了新的领域，克服了困难并用包容性的规划过程拯救了组织。阐明这一流程及其结果，并将其整合在一个简单但全面而且容易理解的文档中可能不是一件容易的事，但它却是手头不得不完成的任务。

### 把它写在纸上

你的战略规划是一种识别和解决优先级问题的方式，用来帮助组织实现其使命（短期）和愿景（长期）。对于那些没有直接参与该规划流程的人，该规划代表了对其过程及结果的全面总结、理解组织方向的指南和一个未来的行动蓝图。

因此，问题不在于你是否需要创建这样一个文档，而是何时创建。没有一种确定的完成此任务的方法，只是存在几个选项而已。无论是哪种方法，能获得的预期是文档一旦创建就将被全面、广泛地发放。对规划流程进行书面表述会带来紧迫感，这种紧迫感会影响到以下你所选定的选项：

- 当你行动的时候：当你的脑海中有新的想法时，作为规划流程主要阶段的创建文档阶段即把想法写在纸上，这是很有优势的。如果这样做，文档将成为团队活动的持续记录者。通过这种方法，文档工作将被视为一项据规划流程不断更新的程序性工作

- 目标建立后：在目标建立之前选择等待是另一种选择。这样做的优势是规划流程的一部分——创建你的使命、愿景和价值观；搜集关于受益人和合作者需要的信息；识别规划流程及实现所产生的环境——已经完成，以此进行总结也将变得更容易。此外这还为应对草案及后续反馈提供了一种逻辑观念。然而，往往等到这个时候已临近最后期限，你征求反馈的范围被限制

- 策略和行动计划制订后：你准备起草正式规划文档的时间越长，它将越完整。在这时你会获取大量的信息，甚至可能拟定出执行草案。但此时你可能会产生的忧虑是时间压力限制了对反馈的搜集

- 开始完善后：在这个阶段过程中创建规划需要对该规划流程有一个完整的蓝图。此时计划开始实施，你甚至可以看到早期成果和成就。在许多组织中，顾及记录和宣传成功规划流程的重要性，不允许这么多规划的推迟公布

无论你的选项是什么，关键要把规划视为"活文档"，你要定期对它更新，以反映进一步的进展。基于网络的进度报告已被证明是一个与校内外不同团体沟通的非常有效的方法。但尽管互联网非常有用，并在某些情况下被优先考虑，一个计划的发布版本仍然需要提供一个切实的和便携的参考。

## 在"制订计划"阶段的关键问题

1. 该计划的主要受众是什么？
2. 该计划的预期是什么？

3. 该计划怎么考虑其所处环境（财政，市场，技术，社会因素）？

4. 该计划怎样反映组织能力和资源？

5. 怎样把主要受益者和合作者的需求和期望考虑进去？

6. 文档如何促进信息共享？理解？反馈？更新？进展报告？

7. 你期望规划文档能用来做什么？

8. 鉴于以前的规划工作，你期望该文档获得什么样的反馈？

## 完善规划

相比那些正式参与规划流程的人，该规划将被更多的人读取。因此，重要的是该规划要提供关于你为什么要参与战略规划流程，你期望从中获得什么，你认为谁受益于或导致了该过程和结果，你该如何建议以实现所需的更改等关键信息。从本质上讲，这意味着规划文档需要被扼要重述和详细解释。

领导在指导规划流程每一步时的角色对于其成功是很重要的。这个阶段仍是如此。对引导进程的优先级的持续关注——双向沟通，广泛参与性，沟通的清晰性和精确性，对相关理解、被接受的假设和期望结果的关心——将确保一个准确、易于理解和有用的文档。

### 受众和信息

在规划流程中，你关注于与特定受众的沟通——信息和方法。对众多受众的需求、观点的分析也将为概要规划文档本身的接受和支持程度提供依据。每一团体第一次接触文档时总是会问同样的问题：该计划如何使我受益？为什么这个改变是必要的？我被要求做什么？当你制订、完善计划时牢记这些问题，将会极大地提高你的沟通能力。

### 期望和设想的结果

和环境识别阶段一样，识别和认知新的或变更的假设、威胁和机会将增加该计划的可信度和识别度。我们的目标是呈现一个满足组织实际需要的计划，避免消极的或不可逾越的障碍。

**双向沟通和广泛介入**

双向沟通的价值无论如何强调都不为过。没有组织的策划团队和组织社区间信息的持续流动，那么实现必要的理解、支持和共享所有权的机会会大大减少。不过通过使用沟通策略来识别需求、解决问题及管理期望还会继续面临着挑战。

**简单的形式**

努力程度不同，兴趣程度也不同。你的规划文档必须以一个高效、易于理解和简洁的方式为不同的观众交代为什么，是什么，怎么做。所遇的挑战是在计划发展（过程）和实现（实际变化）间寻求平衡。

**基本的组成部分**

没有一个固定的方法来制订这样一个计划。每个计划都要根据组织、规划过程目标和完成规划的观众作出调整。下面是一些基本的组成部分：

- 领导层的介绍信：这封介绍信简明地解释了此时进行战略规划的原因，实现组织愿景的重要性，以及计划如何解决所有这些事情。在一些组织中这叫做命令信，一般情况下，它将来自董事长或高管层
- 执行总结：关于规划流程、重要假设、威胁、机会、目标和行动的简明的高级别的总结应该提供过程总结和计划建议。执行总结作为"快速阅读"的对象为那些寻求计划过程的概述及结果的人服务
- 背景：本节提供了关于规划流程被实施的原因、背景，包括刺激规划流程的内外部因素（如：利益相关者期望的改变、立法的待定或预算现实）。背景部分旨在阐明追求战略规划的背景和原因
- 任务、愿景、价值观：关于组织的目标、方向和标准的信息被列入以提供额外的背景和参考信息，对阵外界那些对目标、战略和行动规划的评价和讨论
- 关键的受益人和合作人：重要的是要确定组织所服务的团体，详知有多少团体将从计划过程的结果中获益并提出战略。识别那些能提高你的能力的必要的团体和组织也很重要
- 规划假设，威胁和机遇：与文档的其他部分一样，这里需要提供组

织的全貌（包括假设，威胁和机遇），作为解释和理解规划的一种方法。概述对计划的成功所必需的项目和那些可能妨碍执行的策略对于接受以全面的、经过深思熟虑形成的文档所含的计划是非常重要的

- 规划过程概述：这是一个关于你最熟悉的东西的领域。你应该意识到，你的计划能够实现，很大程度上是在规划过程中对领导力、沟通、评估和文化的关注的直接结果，总结这个过程和阐释包容性和方法的价值。这种包容性和方法被用于确认这个结果在这个过程中是重要的。详细阐述很多方法的这种方式达到了也加强了行动建议

- 目标、策略以及行动计划：这一部分包含了高水平的愿景（目标）以及相关的策略和行动计划。设计它的目的是交流组织的短期（一年）和长期（二到五年）方向。比起行政摘要，这可能是报告中可读性最高的部分。因此，这部分需要被详细地介绍和起草。另外，你要确保你自己清楚地注意到以下问题：你打算如何去测量这些改变的有效性，以及你定期这样做的时间表

——目标，这些对于每个高层次愿景的两三句话的描述构成了计划的基础。它们代表了推动组织前进所需的广泛的衔接

——策略，策略解释了目标将如何实现。在大多数的规划努力中，这是一个极大的兴趣领域。因为在这个领域中，别人可以开始看到个人参与和影响

——行动计划，这些计划描述了执行支持组织目标的战略的具体办法。他们详细的任务需要实现和测量每个策略。这些计划和目标与战略构成了计划的核心内容。应该对它们格外关注以确保它们是清晰的，可以回答关于资源、时间、所有权和评估的最常见的问题

- 实施时间表：大多数组织在这个计划的发展和实施的可视化表示中找到价值观。一些组织将时间表放在目标、战略和行动计划部分，一些组织把它放在附录，还有一些组织通过在报告中创建一个单独的部分来强调它。无论你选择哪种方法，都一定要明确总体规划时间和预期完成具体的策略和行动计划的日期

- 成果和成就：最终，这归结为提议的改变如何在推进组织的过程中变得有效。成果和成就以进展报告的形式表现出来。在大多数情况

高等教育战略规划

下，这个计划共享在计划开发过程的结论中，或在早期的实施阶段，在这个阶段可能有少量的成果或成就报告。然而，在某些情况下，规划过程已经产生了成果，例如成立工作领导小组、建立一个有效的沟通结构、建设一个评估的框架。这些临时的"成果"是值得注意的，值得报道。与其他部分的文档不同，这部分文档将会在临近草案完成时，对"成果和成就"部分做出最后的更新

- 结论：与执行摘要一样，当为这个阶段设置一下步骤时，结论提供了一个总结已经发生了什么事情的机会。

- 附录：设计本节报告的项目是为了（1）提高你对组织和规划过程的理解（例如，个人参与过程的列表，计划过程的详细步骤）；（2）说明进展目标（例如，展示计划过程中成就或里程碑的图表）；（3）为该计划提供背景或环境（外部和自我学习总结）；其他项目可能包括含有策划团队费用的信件、规划过程的及时性、关于规划过程网站链接信息或基准数据

## 第六阶段的规划要点

### 领导力

此时在这个过程中，你的角色应该是促进者和引导者。几个月的共同工作，应该产生对大局以及沟通和评估在过程中所扮演的至关重要的角色的理解。鼓励广泛参与起草过程中，例如在较小的组中编写计划的详细部分，再在较大的组中共享和审查。

### 沟通

因为这种情况贯穿整个过程，所以对于小组详细信息的关注和首选沟通渠道是必需的。查看与规划文件的编制和宣传相关的沟通计划，并确保所选择的策略合适，然后肯定它们能得到有效实施。经常检查那些人，对他们来说，领导小组报告要确保文件对他们需求的满足，并设法在起草过程中将反馈结合在关键点。

### 评估

几个"友好"的同事在正式出版前进行审查和反馈，有可能会发现潜在的问题。建立他们在评论中所使用的标准。

### 文化

这里的目标是运用你对组织文化的理解来创建一个文件。这个文件中，"适合"、"有意义"，是似乎"可行的"，大多数的关键利益相关方也可以接受这个文件。

## 迈尔斯通学生中心（MSC）案例分析：规划建立

### 起草规划报告

在这个阶段，这个团队和其他个人和团体一起很好地执行过程的所有权。在某种意义上，领导团队感受到它在规划过程中已经做得差不多了。在另外一些方面，这又才刚刚开始。在前面的讨论中就已经决定了，在发展任何策略或行动计划之前或推进实施之前，一旦目标确定下来，就要开始起草过程。

在起草过程的预期中，领导团队要预算原始费用、规划过程的理想成果、明确成功完成这个过程的障碍以及关键合作者和促进者名单。

因为最终版本的文件必须是可兼容的，撰写它的任务被分开了，所以需要两个团队在细节部分一起合作撰写。这个计划要求所有团队为自己在规划过程中建立和更新的特定部分负责，也要求他们阶段性地给所有成员提供电子副本以便回顾和反馈。

每个团队的草案都需要包含以下关键项目：

- 与清晰的战略规划过程保持一致
- 与组织的使命、愿景和价值观保持一致
- 哪些地方适合一个清晰的需求关系和关键利益相关者的期望
- 哪些地方适合推荐数据支持的行动
- 突出问题

- 洞察力

然后，每个子团队吸纳这些意见，并向大团队传送一份修订后的副本。每场会议的一部分都要有用于回顾草案，关于主题的讨论也需要明确和加强。

最后，所有的部分要合并在一起。建立一个共享的文件，所有成员都可以编辑它的单一副本，也可以去浏览其他人的建议。然后团队中的一个成员将所有的草案汇总成一个联系紧密的文件。最终版本的草案要注意以下内容：撰写风格的统一，坚持标准，不同读者都能轻松阅读。

这份完整的文档被团队成员共享审阅，之后又流转至赞助人和行政人员手中。在文档公之于众前他们对此的评论和建议将会被合并采纳。

在战略规划中有经验的同事被要求对该文档的总体阐述、过程描述、具体目标、战略和实施的相关行动目标进行评论。依据以上反馈，该计划将被修订。

此外，组织还通过开展城镇会议来鼓励更大的反馈。一旦会议结束，计划将被公布在该部门的网站与时事通信的注意事项中，至此，主要个人和团体还会收到关于该计划的邮件。

## 结果

### 内容计划表

- 副校长关于学生事务的信件
- 执行总结
- 介绍（背景）
- 任务、愿景、价值观
- 受益人和合作人
- 规划流程(领导团队,沟通和评估,社区参与)
- 预期趋势

- 计划假设
- 挑战
- 资源
- 目标/战略和行动计划
- 实施、指导和评估
- 结论
- 附录

# ✅ 第七阶段： 结果和成就

## 怎么做?

Ed Koch 以此问题开创了事业，作为一个纽约客，被迫做出回应。你可能不赞同他的理论，但是任何指责他天赋的人必须知道，在最后的分析中，能够解释成功，或至少指出错处，才最有用。

## 你就要成功了!

第一场规划会议之后，发生了很多事情。你聚集了一群热情、有活力的领导，去指导规划过程。你为组织的使命、愿景和价值观等规划工作奠定了基础，并考虑了关键合作者和受益人的需求、利益和担忧。你做了工作，基于真相的假设、威胁和机遇；制定了带你走向成功的目标、战略和行动计划。你确定了每个工作阶段关键的效率测评方法。就像 Koch 教授一样，现在是时候收获和记录你的结果了——即计划开发和实施的成果。

## 能测量吗?

这是个简单的问题，但经常难以回答。当我们说"成果"和"成就"时，指的是什么，如何测量? 简单来说，成果和成就就是规划和变革工作的结果。他们是评估规划过程以及实施效率的必要条件，尽管不太容易捕获。

当你用可测量的语言时，必须谨记，真实的测量过程要在目标、战略和行动计划之后。那时，你要采取适当的测量方法，并开始搜集数据。测量方法包括前向协助测量过程，提供一个共同的参考点，促进与前期成果、同行成就的比较，为战略规划的中途调整提供基础。现在最重要的是将所有的数据放在一起，点明事实。具体而言，你需要监测并记录结果，向受益人和合作者传达成果与成就。换句话说，是时候告诉他们"你是怎么做的"!

在评估成果和成就时，使用行为测量和影响力测量是很重要的。行为测量是指，记录已完成的工作数量和范围。应该包括一个指示：特定步骤是否跟上，特定任务是否完成，或是否需要更多的定量评估，如举办活动的数量，员工人数，焦点小组数，或者参与规划过程的人数。影响力测量是评估既定影响的程度——预期的变革。案例指出你的工作对以下方面的影响力：生产力，受益人满意度，创新水平，或其他与规划工作直接相关的目的。就像下文中仪表盘/记分卡工作表练习所示，你可以构建一个"仪表盘"或是"记分卡"，展示各种类型的成果。

## 一个有用的框架

也许，最好的开始就是，回访规划过程中每一阶段所使用的标准——也就是说，追溯并留意每个阶段的方法集，将他们归纳在一起，当要判断规划效率时，允许他们或你处理一些高层次的标准。

### 关键的成果与成就标准

- 指定的计划恰当吗?

- 包括背景概括吗？
- 完成了与同行、竞争者和领导的比较吗？
- 与受益人和合作者进行了恰当的协商吗？
- 评估了环境因素吗？
- 制订了沟通计划吗？
- 组织目标与更大的组织方向及愿景一致吗？
- 战略可控吗？
- 设计了明确、全面的文档吗？传达了吗？
- 计划有效实施了吗？
- 监督了行动计划吗？
- 计划目标实现了吗？及时吗？在预算内吗？
- 是否记录了成果和成就，传达了吗？
- 确定了关键的测量方法吗，评估结果了吗？
- 如何评估包容性，用什么结果评估？
- 如何评估同事的双赢，成果是什么？
- 过程改进的效果如何？
- 服务改善是需要实现的结果吗？
- 成果响应了受益人/合作者的需求吗？如何确定？
- 生产力，创新，循环时间，响应时间，或其他与使命相关的重要领域，有变化吗？

## 阶段七的规划要点

### 领导

迄今为止，你的角色已经指导了计划的制订与实施。这时，挑战包括提升结果导向的文化，强调系统化的文档、评估和传达结果。

### 沟通

对规划工作的支持，最终取决于你记录和传播行动的能力，特别是影响力。反向期望的关键在于，规划工作是件做了就忘的事情。关于成就和成果的沟通，对于推进组织的使命，持续的支持和参与，至关重要。

## 评估

对成果和结果的评估，允许你记录成绩，与同行或领导的成就做比较，创造能够评估轶事数据的文化，识别成功和区域所需的持续工作。即使你完成了规划进度，持续的评估和跟进也必不可少。

## 文化

如果一切进展顺利，你已经能够理解，使用，可能会影响组织的战略规划过程，或未来的期望。在成果和成就阶段，领导的角色是散播规划的进展结果，并加强和庆祝成功。

# 阶段七　练习

### 外部评估角色

目的：这个活动是从外部视角，展示组织的成绩和成功（如果你准备拜访一个类似的组织，你会使用什么来确定规划过程的有效性）。

### 仪表盘/记分卡工作表

目的：工作表是对测量成功方法的一种展示。你的仪表盘可能与目标相符。或者，你也可以使用计量表，展示与成功的规划阶段相关的测量方法（详见图16）。在某种程度上，仪表盘测量方法应该包括行为测量和影响力测量。

1. 创造一个仪表盘模板，其中计量表的数量与规划目标的数量相等。

2. 标记仪表盘计量表，一个计量表一个目标。

3. 在每个仪表盘上，注明使用哪种测量方法（影响力测量和行为测量）来评估目标的成果和成就。

4. 画一个指针，表明当前（或最终）的结果。

5. 选择：附加的计量表与测量能够记录和阐述规划过程中的进展吗？或其他的测量方法对计划和评估过程很重要？

应当以何种标准判定是否成功实现了规划目标/过程？"我们要如何做？"

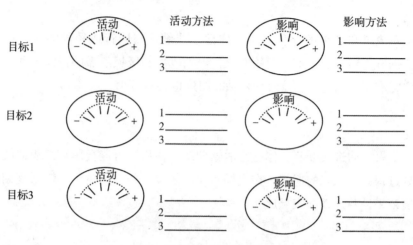

图 16  仪表盘/计分卡工作表

## 规划进展评估

目的：定期评估能够保证规划过程步入正轨，在目标的实现上已取得进步。这个评估练习是由领导团队来完成的。此评估提供了促进开放共享的结构；对与进展审查相关的关键主题，问题和优先事项的识别；对成功的认可和庆祝；对剩余的挑战和行动项目的识别及讨论。要求几个同事完成评估，并允许认知比较（详见图17）。

| 目标 | 勾 选 其 一 | | | |
|---|---|---|---|---|
| | 上了轨道，取得良好进展 | 陷入停滞，需要推动 | 不再是重点 | 不了解现状 |
| | | | | |
| | | | | |
| | | | | |
| | | | | |
| | | | | |

图 17  规划进展评估

1. 独立完成评估。注意评估规划目标的完成进度。每个目标，注意检查。

2. 列表显示回应。

3. 与领导团体讨论。一旦达成共识，基于几个关键合作者和受益人对规划过程的了解，再次检查你的评估。

3. 制订行动计划，处理持续的分歧和需要的区域。

## 里程碑学习中心（MSC）案例：成果和成就

到了整个流程的这个点，领导团队每周见一次面分享数据，讨论如何将他们在项目每阶段搜集的信息收拾得最好。添加对于评估规划流程是否成功的有用附加信息，作为规划被实施后衡量具体活动的框架。当单独的策略和行动计划有它们自己的方法措施时，这个更大的框架解决了进展回顾频率，与主要群体的整体交流，领导团队在实施过程中的角色，以及整个规划成果。

规划进展评估工作表帮助阶段性地评估实施进展、明确为什么有些目标的进展会延后，以及纠正他们的课程。

运用主要成果和成就标准中提及的问题，团队可以确定他们评估了规划流程中的每一个阶段。

### 结果

#### 成功的成果

- 一个包容的领导团队和流程被创建，作为关于一项领导团队和其他主要团队参与到这个流程中的调查证据
- 机构内大部分成员的认同，以及获得了主要的受益者和合伙人，作为市民大会反馈的证据，通过邮箱，以及对于规划发展和实施流程的书面批评
- 通过记录每个目标与一份或者更多叙述的一个具体方面之间的清晰关系，将目标、战略和措施与组织任务、愿景以及价值观连在一起
- 规划在预算内准时完成

### 规划流程改善

- 发现不同的重要群体机构的社会和政治假设
- 把规定时间内完成行动计划的人变成对这份工作负责任的作为重点
- 阶段性地检查资源的可获取性……它在改变！

### 思考

- 仔细地选择领导团队（一个拥有不同的视野但是能分享目标的多元团队）。确保它是由拥有对组织不同深度的了解的人员组成，而且这个团队能够清晰地了解它的决策力和边界
- 在流程中尽早明确方法，阶段性地评估他们的进展是否坚持到底，尽早发现问题
- 交流，交流，交流，关于任何事情，和任何人，但是请在正确的时间，通过观众导向的渠道和信息
- 做长期规划是困难的，而且资源的不可预测性意味着你需要经常回顾这个规划，并且作出相应的调整
- 让没有参与到规划流程中的人相信战略规划并不是一次性活动是困难的，但是这项工作值得花时间去完成它

# 第二部分

# 案例研究和规划议程综述

（本书的这一部分提供了四个案例研究——分别出自一所大学，一所学院，一个学术部门和一个行政部门。它们分别阐明了是怎样利用略为不同的方法来处理规划的。这四个机构都阐明了本书所述各规划阶段的重要性，以及领导、交流、评估和组织文化在成功的规划里的重要性。此外，为了起说明作用，我们提供了一个战略规划议程的示例概述。）

# ✅案例 A： 大学层面的规划

美洲大学策略规划

"美洲大学新十年规划：变化的世界中的领导力"

威廉·H. 德隆，信息系统方向教授

以及美洲大学策略规划指导委员会主席

## 背景及组织概况

美洲大学（后文简称 AU）是一所私立的文科大学。它坐落于华盛顿哥伦比亚特区。在 2008 年秋季，AU 拥有本科生 6023 人、硕士及博士研究生 3297 人，同时其华盛顿法律学院（Washington College of Law）还有 1667 人就读。Cornelius M. Kerwin 博士于 2007 年 9 月 1 日被任命为 AU 的第 14 任校长。Kerwin 博士十分重视为学校的未来规划一幅雄伟的蓝图。在 2007 年秋季，他开始了策略规划的进程，并阐述道："这项规划将代表我们大学发展历程上新一阶段的开始，它将重点关注下一主要衡量学校潜力的方法。这项规划也一定会使那些有能力帮助我们的人相信这所大学已经为它的未来设计了一条雄心勃勃的、令人激动的道路。"

2007 年 11 月，Kerwin 博士向学校委员会公布了一套策略规划框架。

这套框架于 2008 年 2 月在学校董事会通过。它包含以下内容:

- 本大学将以其现有的《共同目标声明》为新策略规划（见表 A.1）的宗旨
- 本次规划过程将会包容与纪律兼具，一方面依据现有管理体制，一方面鼓励个人与团体参与，并对大变动以及循序渐进的发展方式均持开放态度（具体规划进程已在规划框架中列出，并在下一部分中进行了总结，策略规划指导委员会将遵守该进程）
- 本次规划将应用于所有要被设定目标的领域，以及明确需要大胆思考和创造力的领域。具体的领域已在规划框架中的学生部分、学院部分、学术项目部分、学生生活部分、校友部分、运动与娱乐部分、员工部分、管理和行政部分、设施与可持续发展部分、服务与社会责任部分、荣誉与成就部分这些标题下被详细列出
- 本次规划将基于学校现有条件的最好信息以及近期各领域相关外部环境发展趋势
- 本规划进程将根据需要借助专业规划人员以及其他高等教育领域的专家的帮助
- 本规划将接受资金以及其他方面资源以便完成目标，并将针对结果建立清晰的问责制
- 本次规划进程将坚持紧凑的时间表，并为提交这项规划至董事会设定一个在 2008 年 11 月的目标期限

---

**表 A.1：美洲大学共同目标声明**

　　美洲大学的区别特征、在高等教育中的独特性，是其能够通过阐释人文科学，然后将它们与当代社会显而易见的公共事务，尤其是政府、传播、商业、法律和国际服务这些领域的公共事务联系起来的方式，将想法变为行动、行动变为服务的保证……本校致力于公共服务，包括参与大学治理、公正平等的入学机会（equity and equal access）和欣赏不同的文化及观点。对社会公平的执著、对变化的世界的需求的回应并保持核心价值观的能力和转向拥有优势教育资源的能力是本校的显著特征。

---

## 规划进程

这项策略规划进程始于 2008 年 1 月的一次 Kerwin 校长与策略规划委员会（SPSC）的正式会谈。该委员会的职责是为下一个十年起草一份广泛征集所有学校赞助者意见的策略规划。委员会中的 17 个成员因其领导力和做出的承诺被选出，并代表了重要选区，即董事会、大学管理、教师、工作人员、研究生、本科生和毕业生。SPSC 受到校长办公室的员工的支持。本次规划的一项关键决定就是，策略规划进程将由 SPSC 领导和起草，而非校外的顾问。

本次规划进程各个阶段的里程碑就是 2008 年 5 月、9 月和 11 月的董事会会议。尽管由于学校的参与、意见和交流，本次任务量巨大，这种紧凑的安排保证了规划进程走在正轨上。

在规划进程中，SPSC 每两周召开一次会议，并组织了拥有外部策略规划顾问帮助的三个策略规划工作小组。此外，SPSC 还根据具体任务需要不定时开展会议。SPSC 的主席和副主席与 Kerwin 校长每周见一次面，追踪并掌握进度，讨论关键问题，制定大方向。

SPSC 其中的一个成员与学校研究机构的主管合作，做了一个关于 AU 的高等教育和标准管理的环境分析。这项分析基于许多与其他大学相比的关键数据。同时，SPSC 的成员们与学校的主要赞助者们见面，并开展全体大会讨论学校的核心价值观、优点、缺点、机会和面临的威胁（见表 A.2）。学校的核心价值观和环境分析意见在 2008 年 5 月的会议上被总结和展示给了董事会。

---

**表 A.2：美洲大学的优势、局限、机会以及威胁**

- 优势：美洲大学的最大优势在于它历史上的学术成就以及其在学术界、行业以及人文科学领域中不断增长的声誉。这个声誉还体现在它的核心价值观上，包括社会责任感和致力于种族、文化、宗教以及思想多样性研究。

- 局限：突出的因素包括限制性资源，特点是高度依赖学费和有限的物理空间，以及缺乏一个强大的和一致的品牌身份。

- 机会：提供强大潜力的因素包括学生人群中的人口结构变化，以及与核心价值观中的社会责任感、公共服务、人权相关的，基于知识创造的根本使命和高标准的奖学金的战略定位和伙伴关系。
- 威胁：外部压力包括经济条件、不断激烈的竞争，以及对多元化收入来源的需求。

在策略规划的下一阶段期间，SPSC 重点搜集了学校里关于下一个十年的目标和愿望，以及具体采用哪些高水平的行动步骤去实现这些目标和愿景的想法。在 2008 年的夏天，委员会没有慢下脚步，利用面对面交流、全体大会、策略规划网站、策略规划邮箱、策略规划博客、校友访谈继续收集意见和回执。所有的意见都被挂在 SPSC 的网站上。2008 年秋季学期开始不久，SPSC 还完成了一份附有愿景宣言草稿、总体战略主题、子目标的文件草稿，这份文件草稿将用于向学校师生组织做展示并接受他们的评议。

在 2008 年秋季学期开始的前两周内，SPSC 的代表们和老师、学生、员工以及行政人员见面，讨论了草拟的主题和目标。委员会也组织了校园全体大会讨论这份草稿。基于全校范围内的反馈基础上，草拟的主题和目标得到进一步校正。这份草稿文件在一次由学校副校长们和院长们组成的 SPSC 和校长委员会联合工作小组上被检阅。最后，9 月末时校长组织了一次一整天的董事会。SPSC 的几个成员出席了这次的董事会，并在外部策略规划顾问的帮助下对这个文件进行了小组讨论。这次董事会结束时已经讨论出了清晰的指示，这些指示主要是关于如何为下一次 11 月的展示改进草稿文件。

在 10 月早期，一个工作小组成立，目的在于完成策略规划的最终草稿。该工作小组包括 Kerwin 校长、教务长，以及三位 SPSC 的成员，此外这个小组还得到了一位作家的广泛帮助。这份策略规划的最终草稿包括一份愿景声明，10 个转型目标，以及 6 个过程目标（见表 A.3 及 A.4）。这 16 个目标每个都附有一份范例指标，以便展示目标实现的进程。董事会也在 9 月份的会议上要求了这些指标，以证明学校可以对实施目标的进程进行管理。

**表 A.3：美洲大学下一个十年愿景**

下一个十年的重要特点就是重大变化和机会。我们的国家将检查调整自己在世界中的定位，在探索一个变化的、多元的社会与文化的动力和可能性的同时，还将寻求提高其公立和私立院校水平的方法。

借助我们校址位于首都，和学术活力、哲学基础、参与和服务的奉献精神的优势，美洲大学将提供思想和道德领导去塑造新兴世界观，建立新的学术途径，并使我们的学生准备好去领导与服务这个城市、这个国家和这个世界。

**表 A.4：美洲大学策略目标**

*转型目标*

1. 概括老师们的理想

2. 提供卓越的本科生教育和经历

3. 展示毕业生研究、专业研究及法律研究的差异

4. 通过研究中心和研究所，把我们的时间投身于好的想法和议题中

5. 反映并重视差异性

6. 把世界带给 AU，把 AU 带给世界

7. 以社会则仍和服务为宗旨进行各项活动

8. 使校友参与到校园内外的学校生活中

9. 鼓励创新和高水准表现

10. 赢得认可和荣誉

*过程目标*

1. 使我们的收入来源多样化

2. 采用技术实现卓越

3. 充实学校图书馆及研究设施

4. 利用首都的地理优势发展伙伴关系

5. 继续保持公民言论方面模范地位

6. 使各院计划与策略目标保持一致

在 11 月的董事会上，董事们一致通过了学校的策略规划，并对 SPSC 的工作报以掌声。

在 11 月策略规划被通过之后，策略规划的重心就转移到一个两年行动的计划和支撑预算上。校长委员会负责制定这个两年行动的计划和预算，而 SPSC 则负责给予建议。该行动计划根据之前通过的转型目标和过程目标而安排。SPSC 从以下三个方面帮助该计划和预算的制定：（1）它提取并总结了来自学校的超过 1400 个意见和行动，根据策略目标把它们浓缩到新兴的行动计划中的 250 个意见中；（2）与 Kerwin 校长合作，SPSC 帮助并参与了行动计划会议；（3）它检查了被提议的行动计划是否与策略规划目标一致。

学校的两年预算提案，以及其行动计划在 2009 年 2 月的会议上被展示给董事会。尽管经济危机的形势不断恶化，董事会仍同意了这项冒险的预算。校长推荐，董事会也同意在接下来十年中抓住这次独一无二的机会将大学资源投入以实现其积极的抱负非常重要。从 2009 年 3 月到 5 月，学校学术和行政机构形成了与学校行动计划相一致的各单位级的策略规划。策略规划进程中的正式实施阶段开始于 2009 年秋天，并包括了 2009 年 10 月的一次长达两天的学院大会。

## 最佳实施

### 领导

Kerwin 校长关于一个有多人参与的过程的承诺，和他在这个过程中不断的参与是 AU 策略规划成功发展的关键。Kerwin 博士每周与 SPSC 的主席和副主席开会，评阅每一份关键文件，并参与起草和校正规划。他定期更新学校社团、参与董事会、校长委员会会议以及部分 SPSC 会议。

SPSC 由学校的领导组成，包括各院系院长、教师代表会主席、本科生学生会主席、研究生会主席、员工委员会主席、校友联合会主席以及两位受人尊敬的董事会成员。在整个过程中，这些学校的领导在与他们选民沟通和征求意见及反馈上很有帮助。两位董事会成员拥有重要的策略规划经验，并在保持 SPSC 专注于高水平策略目标时扮演了关键性的角色。

**预定及固定的最终期限**

董事会日期，即策略规划里程碑，如下：

- 2008 年 5 月：向董事会展示环境评估
- 2008 年 9 月：对策略主题和目标草稿进行讨论和反馈
- 2008 年 11 月：向董事会展示策略规划草稿
- 2009 年 2 月：向董事会提出两年预算以及行动计划

可交付的项目严格遵守董事会日期，无法被更改。

**交流与投入**

以下交流和投入方法被用于保证在策略规划过程中学校范围的参与：

- 全体大会——整个规划期间共组织了六次全体大会。全体大会由关于预定主题的、有反馈报告的广泛讨论组成，这种讨论以桌子为单位。每次全体大会都能吸引 50 到 125 位来自学校不同组织的参与者，包括学校董事们以及校友们
- 选区会议——定期的意见与反馈收集和教师代表大会同步进行，并在学校或学院层面、学生组织及员工中进行
- 校友交谈
- 策略规划博客
- 与校长委员会的会议
- 与董事们的会议
- 定期与教师代表大会的领导进行交流、互动
- 定期在美洲大学周报上刊登热点新闻
- 定期在学校范围内发送链接到策略规划网站上的信息和文件的备忘录邮件
- 找一名有经验的作者，在规划起草小组的指导下，以一致的声音起草策略规划

**评估**

SPSC 通过与校长和赞助者的定期会议、策略规划邮箱以及策略规划博客持续评估它的表现。在整个检查策略规划和关键文件的过程中，一双来

自外部策略规划顾问的有经验的、批判性的眼睛很重要。最后，策略规划包括众多对每个被提议的转型和过程目标的评估范例。实际上，是评估办法给了董事会以学校行政部门将能制定目标并展示每个策略目标实现进程的信心。

## 组织内容

SPSC 运用了一系列的网站、一个策略规划博客以及一个策略规划邮箱去获取所有不同学校组织在策略规划进程中贡献的记录、笔记以及想法。每个贡献都被追踪并记录在数据库中，进而成为学校行动计划的基础。它要求 SPSC 成员和校长办公室员工大量的时间投入，但是这种投入的结果是学校每位成员的意见被听到，他们的想法被获取并考虑。

由于采用这种由下而上的方法进行规划，SPSC 的工作始于上百页的内容。早期规划的草稿文件没有被完善，也没有呈现最终报告的样子。结果就是学校参与者没有感到草稿的内容是最终的，也因此他们的意见给得比较晚。SPSC 不得不一直进行大量过滤和提炼工作，但后来，更加优美与简洁的含有真正进程的文件被展示给了关键的受众。

## 规划结果

委员会完成了校长雄心勃勃的组织全校范围搜集意见、起草一项战略计划、并在 10 个月内接受董事会批准的目标。董事会于 2008 年 11 月批准了愿景声明、10 个转型目标和 6 个过程目标。这个策略规划得到全校范围，包括院系、学生、行政部门、员工以及校友的支持。在 2009 年 2 月的会议上，通过拟议的行动步骤，董事会通过了一项与 10 个转型目标相一致的两年预算。这次的策略规划进程在提供 AU 一幅下一个十年的具有共识的发展蓝图上取得成功。但是，本次进程最终是否成功还没有定论，因为这将取决于大学执行拟议的行动步骤和实现该目标的表现与能力。策略规划过程的参与性性质预示着全校范围内的参与和对规划实现的支持。

## 后续行动

两年行动计划在 2009 年秋季正式启动。在计划实施阶段，AU 将利用其现有管理结构、广泛的交流，进行持续评估。一种交流策略将被采用，以确保学校各组织都关心并了解 AU 实现其愿景和目标的进程。措施、目标和职责的确定是为了追踪实施过程。校长将扩大现有学校委员会，去反映 SPSC 的组成，并使委员会检查规划的进展和实施过程中的挑战。

## 经验教训

我们可以从 AU 的经验中学习到：

1. 整个学校社区的双向交流和参与以及对所有想法的尊重导致代表性的好意愿和支持，这些支持对于成功的策略计划的实行是至关重要的。

2. 组织者应该尽可能地理解和平衡不同参与者的期望和目标——董事会、行政部门、全体教员及校友。所有这些参与者对于策略计划的支持是至关重要的。

3. 外部策略专家作为推进者和外部策略计划和结果的确认在策略计划的过程中起到了重要的作用，但是学校自身应当负责主导计划和起草方案，以确保那些执行它的人的所有权。

4. 电子工具确保了交流的机会，这些机会对于参与的过程是十分重要的，他们对于校友和董事会的参与是至关重要的。这些电子工具对于 AU 的策略计划过程是至关重要的，这些策略过程包括：电子会议、合作网站、策略网站、策略方案博客、策略方案电子账户、策略方案电子聊天。

5. 组织者应该尽早设置重要的截止日期，尽早和他们交流，避免推后截止日期的诱因，不要允许策略计划截止日期的疏忽。

6. 组织者不能被实际操作的细节分心。学校社区应该经常参与策略计划和操作细节两者之间的对话。当这些关注被尊重和考虑的时候，不要让它们分散策略计划内容的注意力：任务、视野、高标准的目标。

7. 组织者应该了解学校能给出建议的人是谁，哪些人参与到策略计划过程中。任命他们加入到策略计划委员会中，鼓励他们经常在这个计划中露面。这些能发表意见的领导人能成为这个计划非常好的发言人。

# 案例 B： 学院级别的计划

道格拉斯学院

罗格斯大学，新泽西州立大学

卡门·特维莉·阿巴尔，道格拉斯学院院长

迪安娜·K.G. 费兰特，交流与营销学院副院长

## 背景及组织简介

道格拉斯学院（Douglass College）是美国最大的女子学院之一，而它又同时位于一所男女同校并致力于公共研究的大学之内。这些情况把学院置于一个给未来同时带来风险和机遇的独特位置。阿巴尔院长认为学院为了以后的成功而开展战略规划工作是十分必要的。于是在罗格斯大学新校长上任和州长提议建立新泽西高等教育制度（New Jersey higher education system）之后，学院开始了战略规划工作。

## 计划的步骤或者"基于计划的计划"

随着 1 个由院长和 10 个一流的行政工作人员（学院内各科的领导人

员）组成的战略规划小组的形成，战略规划工作于11月开始。阿巴尔院长签发了一份战略性远景发展文件，也被称作"基于计划的计划"。这份文件把战略规划的目的定义为"共同地（某种程度上）树立道格拉斯学院的核心及能动性"。目标是为了树立、定义和重申道格拉斯学院的5—7个关注领域并最终落实这些领域的能动性。除此之外，这份规划是为了把能动性置于五年计划这个大背景下，这包括和其他大学交流的过程。

在文件中，阿巴尔院长提醒战略规划小组：记住，战略性远景文件不是一个静态的东西。它是可以变化的。我们要时刻注意用这份文件来衡量我们的处境，重新考虑我们的重点和不断变化的需求。我们会建议一个战略小组来解决一个问题，其他时候我们希望有个彻底的改变。

这份文件列出了完成初步的战略规划步骤一年内的时间表。为了鼓励战略规划讨论，战略规划小组在11月和12月各进行了两次3小时的讨论会来头脑风暴出重点关注领域。这些会议把各科室当前的工作放在核心准则之下（详见下面的"最好实践"）。会议的目的在于树立那些使得道格拉斯学院成名的主旋律，并使当前工作更契合这些主旋律。这些初期的会议使得核心准则变得明朗（章节1），解释了什么样的项目符合或者不符合这些准则（章节2），哪些领域需要扩展（章节3），当前领域和那些需要扩充的领域需要买什么（章节4）。

这份发展文件设定了一个试验性的截止日期，具体包括在5月份制定一个基本框架，在夏天的几个月内完成剩下的功课，在8月完成一个最终稿。最终稿会在10月下发。

这份文件结尾处有如下指示：从我们的角度来看，战略远景文件永远是一个不间断的工作，因为它会随着时间而改变。尽管如此，它却始终是一块帮助我们在将来做关于我们的侧重点、如何分配资源及评估我们进度等决定时的试金石。

## 最好的实践

接下来将会描述战略性规划步骤中那些为了帮助在时间表内完成计划而定节奏和基调的特定要素（见图B.1）。

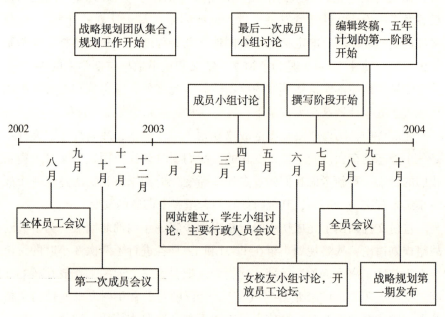

图 B.1　道格拉斯学院规划时间表

**战略规划小组的双周会议**

　　例会使得小组成员能够定期交谈并获得关于个人提议的及时反馈，还使得战略规划出于重要地位。最初的计划要求召开一系列的三小时会议，并把这作为关于战略规划沟通的开始。为了把对日常工作的打扰降到最低，这些会面一般在傍晚进行。最初的计划还要求不再具体讨论战略规划，要把正在进行的讨论放在已经安排好的双周院长会议中。

　　迅速开始的会议是十分有成效的（从提出的想法和大概的团队构建来看），因而贯穿于整个规划过程。院长委员会会议已经成为新院长管理风格的一部分并且还允许关于日常程序上和运营上的问题。双周战略规划会议保留了一些缓冲时间，从而使得日程表不会因为规划讨论而过于紧密。持续性的双周战略规划会议意味着除了常规的集体大会和董事会，小组每月还需投入6小时以专门讨论战略规划。

### 有具体的时间表概念文件

关于变化及能动性的提议已经在概念性文件中写入。这些文件由学院内一个负责任的科室完成，并且还包含一个具体的时间安排来执行一些变化。对于战略规划小组成员的要求就是起草各式各样的概念性文件。概念性文件会在战略规划会议上展示并会从小组成员中得到反馈。

### 关键准则

在规划过程的最初几步，战略规划小组设定了一系列关键性准则来引导道格拉斯学院的价值观。这些准则把学院定为"制度优先"并把学院视作一个女性学习领导的地方，一个对女性进入非传统型领域的支持者，一个全球性运作的赞助者，一个居民学习团体的提供者，一个体验性学习的倡导者，一个把奖学金作为基础的宣扬者和一个有支持性实体性环境的地方。所有关于学院的主要准备都必须至少符合其中之一。

### 尽职的战略规划人员

院长让一个新的管理人员来对外部事物及战略规划负责。作为她的职责之一，管理人员必须和规划领导小组一起工作，并且确保团队能够专注和按时。此外，她还要负责建立一个战略规划网站来同其他群体交流。

### 定期且有重点的院系会议

在战略规划进程开始之前，道格拉斯学院同事会议经常侧重于行政性及程序性的事项。阿巴尔院长对同事会议进行了改革，使得会议的每一部分侧重于战略规划的某一方面或某概念文件。这项改革被证实是一个让院系成员保持对战略规划了解的一个有效方法。于此同时，它还构建了一个对新行动收到反馈的机制。这些会议用于解决那些可以促进对战略规划进程的了解的学术型问题。三位与会者会被征询关于一个特定问题的意见（所有与会者会被事先要求阅读通过网络链接或电子邮件提供的各种文章），然后会议就开始公开讨论。

### 分组座谈会

战略规划小组决定几个小组的构成，它们包括 3 组道格拉斯学院学生

（2 组有关联的学生，1 组随机抽取的学生），1 组同事，1 组校友。每个小组被要求讨论关于规划的某一具体要素的问题。与完全由学院工作人员组成的座谈会相比，战略规划小组的这种方式采用了一种不同方法来征求组员的意见。于是，一场由全体组员参与的会议在秋季学期的中段召开。2003 年春季和秋季，小组会收到了额外的一些回馈。学生的分组座谈会在 2003 年 3 月开始，同事及校友分别被安排在当年的春天和夏天。

**会议记录**

每次战略规划会议都会被记录，并会在双周会议当天分配给每个小组成员。记录包括概念文件展示及下一步行动的录音和一个会议进行的日程表。战略规划小组被鼓励与他们的同事分享纪要。

为了让战略规划成功，小组认为收到关于计划及行动的广泛反馈是很重要的。一个关键技巧在于从战略规划小组网站上收到回馈并对利益相关者晓以利害。网站包括关键准则的信息、战略规划小组、新的行动、计划的时间安排和推荐阅读。除此之外，网站还使得游客可以匿名提供反馈，但亦可留下联系方式。


# 下一步

到了夏季，在一次战略规划会议上，以下所有战略工作的开端，所有主要概念文件都被撰写和展示给大家。所有的小组讨论都在仲夏完成。战略规划的终稿在七月和八月完成，在八月下旬的全体员工大会上展示给道格拉斯学院的全体员工。"开辟道路：道格拉斯学院战略规划"作为文件被展示，以此来保证他们在终稿中还有内容可以说。接下来关于这份规划的文件或更新按照年度发布。

全体员工会议的每一位与会者都会拿到一份规划的复印件和一份"目标设置工作手册"。这份工作手册的目的就是帮助员工将他们的日常活动和规划里的主要目的和广泛原则联系起来。Amber 院长引领观众走进能够定期地识别主要任务这样一个练习，然后她们决定那些能够映射到主要任务上的主要目的和广泛原则。最后，这些观众被要求想出能够支持道格拉斯学院的主要目的和广泛原则的中期和长期目标。

在全员会议之后，这份规划会被放到战略规划的网站上，其复印件也会被送给不同的人，包括校长和其他上层行政官员，女毕业生协会咨询委员会的成员，以及学校社区和州上的重要决策者。

战略规划团队每个月继续见面，制定出五年预算以明确预算短缺和那些能够吸引捐赠人的领域。Amber院长和她的发展团队与潜在女毕业生捐赠者见面，讨论战略规划以及女毕业生在战略规划中可以扮演的角色问题。最后，一份简短的规划小册子被制作出来，以供给有兴趣的人了解规划的概况。

## 经验教训

我们可以从道格拉斯学院的经验学到以下这些：

一个重要的经验就是使员工安心，也就是战略规划提出的新的目标不会导致失业。非常有限的投资环境会带来特殊的挑战，这是实际存在的。然而，战略规划就是一个理想化的愿景，并不会被预算上的困扰所限制。就像Amber院长所说，"如果我们在愿景阶段就开始想到钱的问题，我们就不作出任何决定，而且我们不会完成任何事"。

当然，有一些挑选出来的概念文档的实施需要更多或更少的投资，但"首先决定你真正需要什么很重要，在作出决定之前你能支付多少。花费和支付能力也会经常促使你作出艰难的选择，但你应该推迟这种决策类型直到你的愿景完成"。

即便如此，道格拉斯学院战略规划实际上是愿景文件与包含具体的可以实现的事的五年规划的结合。会存在一些事出有因的冷嘲热讽，特别是在高等教育中的那些没有进展或者成功的切实措施的开空头支票的愿景文件。学院尝试从那些未曾从愿景阶段前进的规划中汲取教训，并定义基于理想化的愿景，制定出成功策略。

同样很重要的是，使学院员工和其他有机会为规划流程做贡献的人安心。有些员工会担心他们没有和规划现状并驾齐驱。员工被认为是被告知了规划的进展以及被监督者（他们是规划战略团队的成员）给予反馈的机会。但最后发现，可能并没有最佳的方法使员工作出反馈。因此，其他反馈方法被发掘。一个方法是通过战略规划网站，另一个方法就是开第二次全员会议。

　　鼓励参与的一个办法，就是充分利用新技术和投入的有效方法。战略规划网站和反馈表单允许游客阅读规划，并且通过反馈表单提供经过深思的（和匿名的）评论。它允许行政人员接受来自那些没有参与到规划流程中的人的反馈。

　　可能另外一个可以汲取的教训就是完成撰写战略规划的时间表太有雄心壮志了。当然，"完成"取决于战略规划是怎样被定义的。它可以是一份战略规划的愿景文件，而且能够在一年以内被齐心协力地完成。在这样的时间内完成出自愿景文档的想法是很困难的。

　　最后，持续的经验是要保证战略规划流程一直处于重要的位置，特别是对于开始实施规划第一阶段的战略规划团队成员来说。在阶段实施的中途，院长与战略规划团队的每个成员单独见面，讨论他们的进展、缺陷和下一步工作。这就促使了团队成员对于他们集中力量解决的愿景文档工作中负有责任。每个团队成员还被要求在院长董事会议上向整个团队展示工作的简要情况。这也就使得团队成员可以在公开论坛上用文件证明其成功的工作经验，并且接收到他们的成就所带来的信誉。

# ✅ 案例 C： 学术部门的规划[①]

病理学和实验室医学

威斯康辛大学麦迪逊分校

国际顾问：凯瑟琳博士

质量改进办公室

威斯康辛大学麦迪逊分校

## 背景和组织利益

在过去的十年中，威斯康辛大学麦迪逊分校建立了战略规划的良好传统。学校计划退出北中央院校协会，以确保教职员工能广泛投入到这个过程中。学校和学院的计划被松散嵌套在校园计划中。

病理学和实验室医学部门是一个学术部门，属于威斯康辛大学麦迪逊分校的医学院。部门有大约 42 个教员，90 个学术人员和研究人员，以及 40 个支持员工和研究生研究助理。角色是多种多样的，包括临床医生、基本的科学家和研究人员、教师和其他。

---

[①] 这个案例分析描述了发生在 1995—2000 年的两个阶段的过程。

在迈克尔·哈特的领导下，部门完成了两个周期的战略规划。这些规划与医学院和学校的规划保持一致。

计划的动力是什么？第一轮规划时，刚刚接管这个部门的哈特，认为这是一个了解部门的好方法。这个部门是如何改变，了解人们在想什么，他们的兴趣点所在，以及决定下一步去哪儿？以上的问题促使这个计划进行了几年。部门管理员格雷琴哈维补充说，医学院的新战略计划刚刚开始，"弄清我们在哪些地方配合了这些计划而哪些地方没有，这是很重要的"。

规划过程被广泛地用于学校学术和行政单位的规划。

## 规划过程

部门用两个半天周六会议完成其战略规划。所有感兴趣的教师和工作人员被邀请去参加活动。质量改进办公室一位规划顾问促进这些事项，并在早些时候参加一个教师会议以提供流程概述。许多人参加了这两个事项，但是有些只能参加一个。实际上，这创造了一个专案规划委员会。会议议程显示在图 C.1 和 C.2 中。

威斯康辛大学麦迪逊分校，病理学和实验室医学部门

10 月 14 日，星期六，9:00—13:00

| | |
|---|---|
| 9:00—9:30 | 欢迎<br>介绍：当我们规划部门五年后的未来时，哪些趋势、影响和创新是我们需要考虑到的？ |
| 9:30—10:00 | 自从我们的上一个计划到现在,我们完成了什么？ |
| 10:00—10:30 | 部门的使命和状态 |
| 10:45—12:00 | 对部门未来的实际展望 |
| 12:00—12:30 | 工作午餐(继续讨论展望) |
| 12:30—13:00 | 完成展望/总结/接下来的步骤 |

图 C.1　第一部分的战略规划

威斯康辛大学麦迪逊分校，病理学和实验室医学部门

11 月 11 日，星期六，9:00—13:00

| 9:00—9:15 | 欢迎和介绍 |
|---|---|
| 9:15—9:30 | 回顾对未来的愿景和第一部分完成的工作 |
| 9:30—10:15 | 能够帮助我们实现愿景的部门优势是什么？存在什么样的机会去帮助我们？ |
| 10:15—12:00 | 什么样的战略或选择会促使我们朝未来愿景的方向发展？ |
| 12:00—12:30 | 工作午餐(继续讨论战略) |
| 12:30—1:00 | 完成展望/总结/接下来的步骤 |

图 C.2　第二部门的战略规划

周六对于部门来说是最好的选择，因为工作日排满了实验和课程。在威斯康辛大学麦迪逊分校的其他部门，如心理学系和音乐学院，星期六也是规划工作的一个可行的选择。将工作分成每个月两个周六会议，意味着第一部分所建立的观点能在教师会议共享，也能在第二部用。

在第一次规划会议上，哈特提醒部门组织的使命（在前面的规划会议中发展的），或根本目的——创建、传输和应用对病理生理学的知识的理解去诊断和治疗人类的疾病。他评价了已经完成的目标，并更新了部门的状态。小组确定了部门的外部影响，在未来的规划中需要考虑这种影响。

主要活动是创造部门未来五年的愿景。焦点问题是：

想象这是从现在起的五年。你希望部门会发生什么？为教师？为员工？为研究生？还是为其他人？它看起来，感觉起来，听起来会是什么样子？你希望它跟今天有什么不同？

个人在纸上完成无声的头脑风暴，在小组内关于有限数量的优先级达成一致，然后把这些优先级聚集在相关组中，并给它们标上标题或命名（Spencer 1989）。结果显示在图 C.3 中。

威斯康辛大学麦迪逊分校，病理学和实验室医学部门

- 部门活动与医学院的优先事项保持一致
- 增强毕业和实习计划
- 开发基础设施以支持综合临床/转化服务
- 在部门、校园、州和全国范围内提高声誉和宣传力度
- 增强部门内部、部门和机构之间的沟通，增加对决策过程的投入
- 共事、赞赏和奖励所有教学、科研、临床和管理服务
- 支持工作人员和技术人员
- 招聘优秀教师
- 为临床和教学活动改进电子信息系统

图 C.3　2005 年部门愿景

　　提议的未来愿景是分发给部门全体教职员工的，同时鼓励大家评论和邀请大家参加第二次规划会议。第二次会议识别了愿景的障碍，以及帮助部门跨越这些障碍的优势和机会。参与者讨论了与部门进行合作的校园实体。

　　余下的第二次会议的重点是确定未来两年内应采取的具体行动。在小群体中，参与者发现超过 100 个有希望的行动，之后他们投票确定排名前十的行动。这些行动发挥了最大的影响力使部门接近愿景。最终目标如图 C.4 所示，旁边是它们所支持的愿景因素。注意：关键人物不需要做所有的工作，而是要有一个关于目标是如何进展的视角，给出进度报告及协调和连接不同的角色。

威斯康辛大学麦迪逊分校，病理学和实验室医学部门

| 愿景因素 | 2001—2002 年目标 | 关键人物 | 检查日期 |
|---|---|---|---|
| A. 部门活动与医学院的优先事项保持一致 | 1. 识别现有的委员会和那些在医学院中或跨校园的积极代表病理学的委员会。向部门报告这些成果 | | |
| B. 增强毕业和实习计划 | 1. 为病理学研究生培训计划申请国家卫生研究院培训资金 | | |

高等教育战略规划

| 愿景因素 | 2001—2002 年目标 | 关键人物 | 检查日期 |
|---|---|---|---|
| C. 开发基础设施以支持综合临床/转化研究 | 1. 研究集中研究设施的可能性（历史、资金、化验等）<br>2. 确定转化研究基金、奖励和鼓励教师之间的合作 | | |
| D. 在部门、校园、州和全国范围内提高声誉和宣传力度 | 1. 创造更好的研讨会设施<br>2. 宣传部门目前正在做的事情 | | |
| E. 增强部门内部、部门和机构之间的沟通，增加对决策过程的投入 | 1. 开展非正式和正式教员会议<br>2. 增加基础科学家和病理学家之间的会议次数，可以将每月的关于基础科学和临床问题的会议作为员工会议的一部分<br>3. 创建网页/电子邮件时事通信以强调教师的成就 | | |
| F. 共事、赞赏和奖励所有教学、科研、临床和管理服务 | 1. 加强对教师的年度评估<br>2. 评价教师在他们领域的责任<br>3. 以年会形式奖励教职工 | | |
| G. 支持工作人员和技术人员 | 1. 扩大办公室工作人员的规模 | | |
| H. 招聘优秀教师 | 1. 目标招聘（服务、研究和联合任命）；推销威斯康辛大学麦迪逊分校和部门 | | |
| I. 为临床和教学活动改进电子信息系统 | 1. 与其他这方面做得好的部门比较（生物化学、眼科）<br>2. 使用内部网，以促进部门在各种建筑/位置上的通信 | | |

图 C.4  愿景/目标矩阵

规划完成后，每个月进行一次教师会议讨论明年的一个或多个目标。

## 规划成果

部门实现了它自己设置的许多目标。每个成就所伴随的数字，对于图 C.4 都很关键：

- 这个部门代表了几个关键医学院委员会（A1）
- 在寻找培训资金做准备的过程中，这个部门就已经加强了研究生计划，提高了入学要求和添加了额外的培训（B1）
- 部门在大学医院设计并实现了一个 600 平方英尺的病理学转化研究实验室。在未来三年内，实验室将可被大学社区里的其他人使用（C1 和 C2）
- 部门的研讨会系列作为更深层次规划和与校园其他部分连接的结果被大大增强（D1）
- 重组了常务委员会，以确保关键委员会包括教师的角色（E1 和 E2）
- 对于非常积极的教师评价给予奖金（F1）
- 办公室员工获得两个全职职位（G1）
- 招募和雇佣了七个优秀教员（H1）
- 增强了部门网站，并添加了住院医师培训这样的在线表单应用程序；研究生招生委员会使用部门的内部网筛选申请者（I2）

### 经验教训

这里有一些从该部门的战略规划中得到的经验教训：

- 部门所做的规划被证明，在第二年的五年期回顾中是非常有用的
- 分配关键人物以达到的目标似乎是最具有戏剧性的结果——人们愿意去支持目标，保持在前列并连接其他人。一种鼓励参与的方法就是激励那些负责的关键人物。回报可能是旅行，提供奖金、一种特定的设备
- 更多关于详细任务分配和最后期限的行动规划会推进计划
- 目标责任会像"回飞棒"一样又回到办公室的椅子上。这就需要分配更多的责任在教师和工作人员上。例如随后被委托的设施和

设备
- 规划过程为那些没有一起工作的人组成的小组讨论提供了机会。一个积极的意料之外的结果就是，这促进了不同教职工对其他人是如何对部门作出贡献的理解

哈特说，在想法和确认需求方面，他"获得的比期望的多"。他补充道："鉴于财政状况，有些个人所想的事情是不会发生的。但至少他们有一个论坛来解释自己的想法。优先级的选择也最终是一个民主进程。"

## ✓ 案例 D： 行政部门内的计划①

计算服务

罗格斯大学，新泽西州立大学

Gayle K. Stein，博士，战略规划领导者

### 背景和组织概况

　　罗格斯计算服务（RUCS）作为一种集中式计算和通信技术支撑着罗格斯大学、新泽西州立大学的运营。罗格斯大学有三个不同的校区，90英里范围内设有700多个建筑。大约有50000个学生在此上课，有约2500名教员和7500名职员。RUCS创建于1990年，是由两个计算服务组织合并而成的，现在其有310名全职员工，150名兼职员工和500名学生员工分布于三个校园部门和三个跨校组织。该组织还存在许多级别：一个单一的执行董事与三个大学董事，其他两个直接向执行董事汇报，另外五个向大学董事汇报，十七个副董事事实上向所有员工汇报。

　　除了员工之外，学校中的其他250人分别在学校的学术和行政区域提

① 该案例研究描述了从1997年至2009年间某几阶段完整进行的一个流程。

供计算技术支持服务，这些人不向计算服务中心汇报，他们独立运作，必要时寻求 RUCS 的援助。

在过去的 12 年，计算服务中心已经向 6 个不同的副理事长，3 个不同的理事长进行过汇报，存在过 3 个不同的执行董事。过去的 12 年内领导体系的改变对组织的效率产生了重大的影响。在完成战略规划的持续性进程中，该组织已成功应对所有的改革和挑战，这保证了它的连续性。

学校正式制定其战略规划后不久，便开始计划，该计划产生于三个主要阶段。第一阶段：关注点主要在于内部组织完善；第二阶段：关注点主要在于提高消费者支持度；第三阶段：该部门已被一个全新的学校领导阶层影响，从集中式变为分散式。

## 计划流程

部门领导参与到卓越高等教育中来（Ruben 2009a，2009b. 2010），一个以 Baldrige 为基础的组织自我评估工具被设计出来，旨在识别部门的优势和七大类需要改进的地方：

- 领导力
- 目标和计划
- 受益人和赞助人
- 项目和服务
- 教职员工和工作场地
- 评估和信息利用
- 结果与成就

领导者觉察到创建任务和声明愿景的必要性。在自我评估过程中形成的其他优先次序激发了项目团队的建成，具体分工如下：

- 识别消费者需求
- 检查用户支持流程和标准
- 调查性能改进措施以保障系统性能和服务交付
- 为组织内的通信改善提供建议
- 更有效地招聘、保留员工

这个团队被 RUCS 董事领导，包含组织内各级别的员工。员工会议已在组织的半年度会议上举行。在此期间，该团队收集、分析数据，起草包含初步的使命、愿景和价值观的文件。当前，副理事长兼执行董事已经与员工举行了小组会议以期在员工希望提升的领域取得成效。一个关于战略规划阶段的原理图如图 D.1 所示。

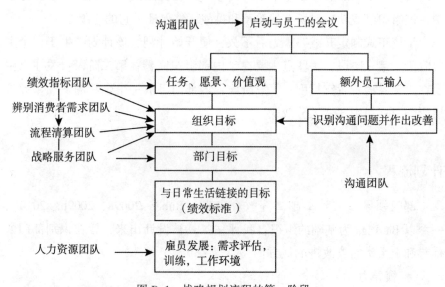

图 D.1　战略规划流程的第一阶段
罗格斯大学，新泽西州立大学，计算服务

在那年的 10 月，组织的任务、愿景和价值观已形成并公布。团队的工作在春季继续开展，最终报告于 1999 年 6 月完成（参见图 D.2）。

人力资源团队的显著结果引起了人们的注意。随着时间的推移，一个关于部门招聘和保留员工的严重问题出现了。因为在 IT 部门存在大量的高薪机遇，员工已不再满足于国家资助的高等教育机构提供的那些酬劳。于是，RUCS 引进一家声誉极高的人力资源咨询公司与组织协同工作以解决这个问题。这个地区的规划发生在 1999 年 10 月和 2001 年 1 月之间。其最终的结果是一份给高级管理机构的报告，指明部门员工的工资需要进行怎样的调整以适应现有的市场。收集、分析内部数据和适当尺度地开发、评估充分说明了当试图完成主要的规划目标时投入大量资源的重要性。

罗格斯大学，新泽西州立大学，计算服务

任务描述

计算服务的目标是在 IT 和高质量的 IT 服务中提供跨校区的领导影响力，最终为学校的指导任务、科研、服务提供支持。

愿景描述

计算服务通过使用统一的、多样的方法将在高等教育社区中扮演重要的角色，该服务运用了创新的战略和先进的技术提高了用户对产品、服务的满意度。

价值观描述

计算服务坚信组织的最大资产是其员工。我们鼓励和支持开展提升职业能力的活动来达成组织的目标。我们勇于承担个人责任，遵从指导我们日常行为的那套价值观。

团队合作

我们在学校里与同事和消费者建立合作和相互支持关系。在鼓励、认知个人、团体的成就时，我们秉持团队的首要目标。

创新

我们接受创新的解决方案、不同的视角观念和新的机遇。我们在介绍、运用 IT 技术时引入领导力概念。

专业性

我们拥有最先进的 IT 技术并把我们的知识应用于最佳的专业实践。我们给每一个人授权，我们往往给自己任务、活动的执行以好的评价。我们珍视多元化的益处，尊重每一个个体。

正直

在所有的活动中我们恪守诚实。在职业关系中我们恪守较高的道德标准。

首创精神

我们抓住机遇，促进信息技术的合理使用。我们主动采取措施来提高消费者对信息技术的意识，以方便他们更好地完成目标。

图 D.2　计算服务——任务、愿景和价值观

根据我们的战略规划方法，该过程的下一步应该是利用报告的结论来达成组织、部门的目标，并通过性能标准和评估将那些目标与员工的日常生活联系起来。这一过程虽被推迟但最终顺利完成，主要原因是在 1999 年 4 月，计算服务部新增一位执行董事，他花与处理组织外部工作同样的时间于组织内部工作。新的执行董事刚任职时就建立了一个充满凝聚力、相

互尊重、理解和在专业领域极具自信的领导小组。这可以说是得益于有长达一年招聘和保留员工经验的领导者相聚在一起交流的那段时间。

## 战略规划的第一阶段

除了关注领导和领导的凝聚力，新的执行董事决定提高组织管理层面和沟通层面的能力。他相信通过帮助员工理解其对组织使命、愿景和价值观的期望，通过采取特定性能措施，该组织将提供更好的服务。

## 战略规划的第二阶段

战略规划的第二阶段如图 D.3 所示。第一步是确定该阶段的总体目标（以改善提供给计算服务中心的消费者的服务），并为达成该目标制订一个计划。第二步，董事们在与员工协商之后填写一个与计划相关的综合调查问卷。

计算服务中心战略规划调查①

1. 当我们处于该战略规划阶段，我们的愿景描述中所列的价值观还合适吗？我们需要改变吗？如果需要，如何改？

2. 作为学校支持机构的计算服务中心，你对它有什么期待？RUCS 在三年之后应该变成什么样？它应该为我们提供什么服务？

3. 为了完成这些目标，我们需要哪些主要资源？

4. 列举出三个你认为可能会阻碍组织成长的内部和外部因素（除了资源）。

5. 列举出你的员工从事的主要项目或业务计划。

6. 对于第五个问题的答案，删去（但不要完全清除）那些你相信的项目或计划中完全是浪费时间和资源。

7. 你的消费者对 RUCS 是怎么理解的？当我们不提供该服务时他们会

---

① 依据 Gartner 的咨询调查改写。受罗格斯大学、新泽西州立大学的计算服务中心支持的结论。

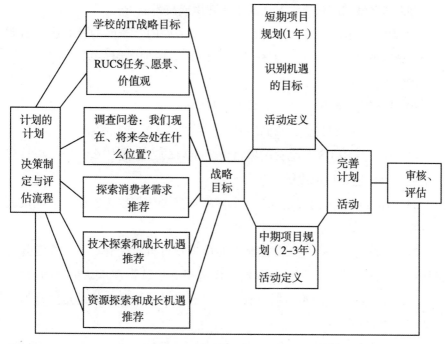

图 D.3 战略规划流程的第二阶段

罗格斯大学,新泽西州立大学,计算服务

说什么?

8. 你会如何描述 RUCS 通信?直接地?充分地?有效地?我们将怎样改善?

9. 你会如何描述 RUCS 与其客户之间的沟通?充分地?有效地?适当的技术水平?我们如何改善?

10. 我们与学生一起工作有效吗?为什么?

11. 我们与教学部门一起工作有效吗?为什么?

12. 我们与科研部门一起工作有效吗?为什么?

13. 我们与行政部门一起工作有效吗?为什么?

14. 列出 RUCS 为学校提供的六种服务,按重要性排序。

15. 我们组织的三个主要优势是什么?我们都做好了吗?

16. 我们在哪些方面存在什么缺陷?请详细列举。

17. 我们作为服务组织正在犯的最大错误是什么？

18. 你觉得我们缺乏哪方面的专业知识或技术能力？

19. 哪一个 RUCS 核心支持服务是最有帮助的？当前的核心服务需要改变或改善吗？如是这样，怎样改？我们需要增加些服务吗？如是这样，怎样加？

20. 我们支付给员工合理的薪酬了吗？员工同意吗？

21. 除了工资和奖金，我们还要提供其他的索赔或福利吗？

22. 有效的 RUCS 专业发展项目中最重要的方面是什么？这一项目应该由各个部门还是集中提供、开发？

23. RUCS 应该多途径地为员工制定职业发展规划以为其提供职业发展机会吗？

24. 我们应该做什么来保证我们的员工觉得自己受到尊重、赞赏并为其所在组织感到满意？例如：我们有没有很好地认识和承认员工的贡献？在作出跨组织的战略决策时有没有考虑到自己的员工？我们的员工真的知道他们的权利吗？

25. 如果你必须要快速削减 200000 美元的费用，工资、雇员和客户服务不包括在削减范围内，你会怎么做？

26. RUCS 的各个部门存在哪些本可以集中起来以改善服务和更好地利用资源的重复性活动？

27. 你会给我们组织的管理团队提什么建议？

28. 如果你是 RUCS 的执行董事，哪三个报告、政策、服务或程序会被你立即消除或改变吗？为什么？

29. 如果你是 RUCS 的执行董事，你会立即启动哪三个方案、服务或项目？为什么？

30. 你觉得我们明年的三大战略举措应该是什么？详细列举出来，但只列举我们需要重点关注的领域，以确保组织未来的成功。

该问卷收集的数据对一位全职董事来说是一个起点，对数据的分析可以为组织规划营造一个氛围（相互尊重的、客观的、有共同目标的），对目前组织的优点和缺点达成一致意见（我们处在什么位置），选定未来的组织目标（我们想处在什么位置），分析并克服各种挑战，抓住机遇（我们怎样达成目标），分析领导内部和外部的资源（驱动我们改革的动力是什么）。

SWOT 分析可以用来分析组织内部和外部的优势、劣势、机会和威胁，分析可知，还存在其他一些问题：

- 我们可以利用什么资源来改善我们的处境？我们可以被什么驱动来达成自己的目标？
- 我们领导的优势是什么？我们能验证自己的所有权和承诺吗？
- 我们知道我们的内部和外部的利益相关者（用户、供应商、员工）吗？
- 我们的性能支持水平是多少？我们已经有能力让自己达成目标了吗？

最终，形成了在客户需求、技术能力和增长领域、资源能力和增长领域进行进一步研究的三个团队。该团队工作的结论被用来研究拟定组织的长期、中期和短期目标。这些目标也将在组织的董事和副董事间的集体讨论中受到评估，最后，一个最终的战略目标将形成。在计划的第一年，每个部门创建一组与总体战略目标相关的运营目标。之后，所有员工的性能指标要与其部门的运营目标保持一致。

在完成部门的运营目标之后，团队的副董事被任命，他将保证计算服务中心的责任已在该中心和部门员工间得到合理分配。由于分配任务所形成的文件，即"计算服务的责任模型"，被视作提高客户服务的重点，因为它划清了组织内的责任分界。

再往后六个月，通过运用责任模型所获得的知识，可以对战略和经营的目标进行审查并对短期的目标进行必要的修改。这是非常重要的，因为在目标完成后三个月，RUCS 更换了副理事长，学校的领导层也发生变动，国家高等教育更是提出了一个重大重组方案①，所有这些都对学校和部门内战略规划方向产生了深远影响。

---

① 在 2003 年末，重组新泽西州高等教育体系的计划被搁置。

## 战略规划的第三阶段

新的大学校长上任一个月后，也即新的副理事长被任命近三个多月后，该部门开始了第三个主要阶段的规划：审查分布于不同校区的 RUCS 各部存在的较大的自治权。为了更有效地完成自治，更高效地建议组织，需要改进后续的标准和流程。

副理事长批准了一个五个月的时间表，用于配合学校里进行的其他计划。随之，部门董事被告知——他们将把自己一半的时间用于计划——花费与雇用、保留员工差不多的时间。以上流程是通过责任模型得出的，是针对每个类别和服务的，具体包括：识别当前处境，分析一个中心组织或是校园组织提供的服务的利弊（对资源、终端用户的影响，依赖性等），创立目前不存在的标准。

在完成的过程中，一个总结各类目影响力和相互依赖性的报告形成了。在报告形成的过程中，国家决定撤销它的一些调整计划，以致之前分散服务的概念不再被认为是可行的。

应副理事长的要求，计算服务中心新开设了一个项目以协助学校 IT 计划的实施。

从技术层面和认知层面与关键人物访谈以确定"最佳部门实践"。该访谈的结果以一个最佳实践手册的形式分发给所有部门，其中会包含雇佣和培训部门 IT 员工的信息。

## 战略规划的第四阶段

在认识到学校 IT 技术的战略重要性后，罗格斯大学为 IT 部门及首席信息官创建了副理事长这个职位。该职位主要通过学校的 IT 最佳实践领导计算服务和 IT 部门的信息咨询。副理事长的第一项职责是完善跨校的 IT 战略计划——它将与学校新定义的战略目标保持一致。

该计划旨在营造一种 IT 环境，充分授权给学生、教师和工作人员，并提高罗格斯大学与商界、学术和社会合作伙伴的交互性。它将为集中化的计算服务提供指导，并联合大学的学术部门和行政单位。

一个 60 人的委员会，由五个小组组成，包括教师、学生和职员，共同为 2006 年在学校发布的计划而工作。

该计划提出五个总体原则：

1. 通过为学校的个人或单位建立一个稳定的网络和计算基础设施，保障所有教师、员工和学生的信息可访问性。

2. 学校系统部署对技术支持的发展规划，最大化提高技术传输能力，减小复杂性和不便性，使技术支持极大地满足每个个体或单位的需求。

3. 每一位职工通过对培训课程、计算技术、共享 IT 资源的合理使用，能有效、充分利用机构或研究部门的技术资源。

4. 由于教室设施的不断齐全，教学技术的不断更新和教师、员工的支持，通过网络传递的课程、项目将不断发展与扩散。

5. 通过雇佣 IT 人员提高业务流程的效率和有效性，致力于学术使命的行政支持将会加大。

在过去三年中，大学已经开始实施关于达成计划的诸多具体建议。

学校中管理 IT 技术部的副理事长已离职，一个新的副理事长随即被任用。关于 IT 战略规划的具体建议也在继续实施。最近的关于总体战略规划原则的评论没有导致重大改革；遵循这些原则的战略和计划也仍在继续。

## 所学经验

计算服务，作为一个较大组织内的支持部门，遇到许多和该组织同样的战略规划挑战——最主要的一点是大规模领导层的变动导致其战略愿景改变。然而，RUGS 的主要领导哲学不会改变，正如组织的使命中概述的：在学校的任务指导、科研和各项服务的支持下，提供跨校的 IT 技术指导和高质量的信息技术服务。

以下是在战略规划部门学到的五个最重要的教训：

1. 战略规划会花费大量的时间。

2. 有一个被组织熟知的战略规划及流程能帮助组织在充满变化的时期

不断向前发展。

3. 最有效的战略规划流程包含有代表整个组织的员工。

4. 一个组织的战略规划不能也不应该凭空进行。

5. 最重要的是，战略规划可以而且应该成为所有活动和组织服务的基础。没有充分的和有效的计划，它将更难以及时、有效的方式应对变化，更难确保组织的士气没有受到负面影响。

# 战略规划议程综述

### 步骤1：与部门的领导团队一起预先计划

注意，识别即将到来的规划会议的目标和结果，确定领导在规划议程中的地位，起草项目计划。

### 步骤2：预先网络调查

无记名、可信赖的调查，旨在收集员工对部门目标和未来愿景的看法，作为审查现存使命的第一步，也作为部门员工表达对规划过程有益的想法或建议的一种方式。

### 步骤3：加快规划议程

终日的结构化议程使用高等教育战略规划框架推动组织（教师或职工）对使命和未来愿景的审查；通过环境检测工具，记录阻碍因素和促进因素；确定优先目标和工作进度；确定关键战略，以及运行这些目标的项目；确定包含关键任务概述、时间表定义、责任和成果的行动计划。

## 步骤 4：记录规划的工作和成果

向组织提供一份规划工作的报告，包括信息反馈集锦、初步的使命、愿景宣言、SWOT 分析、目标、战略和行动计划（确定优先级）、突出的问题，以及下一步工作。

## 步骤 5：跟进

领导者创建重要、可信赖的信息，是这一步骤的关键。目的是维持员工的参与度和精力，进而推进组织向前，并取得既定的成果。持续的沟通、定期审核和责任制度都是成功实施的关键。罗格斯大学组织发展和领导中心协助跟进工作，及年度规划工作的重演。

# ✅ 词 汇 表

action plans 活动计划。作为短期和长期的战略规划的一部分的具体的活动和步骤。通过活动计划的发展，一般的策略和目标是具体的，从而保证有效的实施是可能的。

alignment 结盟。单位的计划、过程、动作、信息和决定的持续性和同步性来支撑关键单位的和机构范围内的目标。有效的结盟需要对互补性的措施和信息的目的、目标和使用的分享理解，来促进对机构的、单位的、合作小组的、个人的规划、追踪、分析和改进。

assessment 评价。评价机构、部门或项目的方法、实施策略和结果的一个过程。对于规划来说，评估可能会关注一下内容中的任何一个或者全部：规划流程本身和与具体目标、战略以及行动计划有关的成果和成就。

audiences 观众。被认为对于规划很重要的群体或者机构。他们可能是受益人，股东，顾客，委托人，公众，用户，合伙人或者机构承担服务或者项目，或合作的对象。从规划的视角来看，这些观众可能会被规划流程中所追求的调整影响。根据机构目标的不同，受影响的群体和机构可能包括学生，父母/家庭，教员，职员，学科的和专业的社团，州立的和联邦的财政机构，未来的学生和家长，其他机构的学科的和行政的领导，当地的和州立政府，社区或者州的居民，或者其他群体。

benchmarking。建立基准管理，也叫对比，指的是识别、选择和系统地对比本机构与其他机构的表现、活动、项目、服务、过程、成就和影响。对比的对象可以是同行、竞争对手或者上层机构，或者是和其他部门开展相同活动的机构。

beneficiaries 受益人。机构、部门或者项目为其提供项目或者服务的个人、群体或者组织。

change management 变革管理。从机构和个人的视角引导改革倡议的系统的方法。

collaborators 合作者。为了完成任务关键型工作，单位必须与之合作的外部的群体或者组织。包括参与者、联盟和供应方。

coordinating committee 协调委员会。为了战略规划目标设立的领导团队，也可以被称为领导小组，领导群体，指导委员会，监管委员会或者规划小组。

culture 文化。历史，语言模式，故事，规范，准则，传统，习俗以及组织成员现在的和过去的行为实践（Ruben and Stewart 2006）。

dashboard/ scorecard 仪表板法/平衡计分卡。一系列集中地概括的被认为对于评估组织卓越的很重要的机构运行的主要领域的绩效措施或者指数。在规划文档中，仪表板法通常会包含衡量规划流程和成果，还有可能包含规划工作各个流程中的效率和效力指数。

goals 目标。考虑到评估进步和作出决定所需的足够详细的高水平目标或终点。"长远"目标是组织选择的向更好的绩效的自我挑战，而不是可能寻找的挑战。

imperatives 要素。对于战略规划的成功很重要的行动、策略和活动。

leadership team/ leadership group 领导小组/领导团队。为了战略规划目标设立的领导团队，也可以被称为指导委员会，协调委员会，监管委员会或者规划小组。

marketing 营销。交流图片或者每个机构、学院、部门或者项目的身份的有目的的工作。这种交流支持或者提高名望，这种名望影响着主要合伙人的重要决策。

measures 衡量措施。被一个单位识别为评估、证明或者监测组织成果目标的合适的衡量措施或者指标。衡量措施包括与任务，愿景，价值，目标，计划，领导能力实践的质量、效率和效力，计划流程，与受益者和支持者群体或者机构的关系，项目和服务，教员/职员和工作环境，评估和信息使用途径相关的成绩指标。

mission 使命，任务。单位最主要的任务；单位存在的目的，包括对为其提供项目或者服务的群体的详述。一般在机构内外的成员范围内出版。

organization 组织。一般意义上用于指整个机构、行政或学术项目或部门、服务或行政部门、教师大会或参议院——即任何高等教育背景的结构化工作单位。

outcomes 结果。与机构目标和计划、领导能力实践，与受益者和支持者的关系，项目和服务，教员/职员和工作环境，评估和信息使用途径有关的机构现有成就。

oversight committee 监管委员会。为了战略规划目标设立的领导团队，也可以被称为领导小组/领导团队，指导委员会，或者协调委员会，或者规划小组。

planning team/planning group 规划小组/规划团队。为了战略规划目标设立的领导，也可以被称为领导小组，领导团队，指导委员会，或者协调委员会。

results 结果。机构、部门或者项目的成果和成就。

Spellings Commission 斯佩林斯委员会。为了发展高等教育国家战略"满足美国不同人群的需要，解决国家未来的经济需求和劳动力需求"，教育部长玛格丽特·斯佩林斯在 2005 年 9 月开创了斯佩林斯委员会。这个委员会的最终报告《领导能力测试：详细规划美国未来高等教育》在 2006 年 9 月发布，它提供了推进高等教育的广泛支持。主要关注改善学生的学术准备，简化和改善财政补助流程，创建问责制和透明化文化，加强持续创新和质量改善，投资对美国全球竞争力很重要的学术领域，发展鼓励终身学习的策略。

stakeholders 股东。有时指受益人、外部群体、购买者、客户、公众、用户、支持者或者顾客，股东就是机构所服务的或者影响机构或者被机构影响的个人或者群体。他们包括那些其评价对组织支持和组织名誉很重要的人。名单可能包括学生，教员，职员，学科的和专业的社团，潜在的业主，毕业生，学术机构，家长，商业和工业，州立的和联邦的财政机构，私人基金会和捐赠者，未来的学生和家长，研究所，咨询委员会，其他机构的学科的和行政的领导，当地的和州立政府，社区或者州的居民，或者其他群体。

steering committee 指导委员会。为了战略规划目标设立的领导，也可以被称为领导小组，领导团队，协调委员会，监管委员会或者规划小组。

SWOT 态势分析法。一种用来分析组织优势、劣势、机会和来自内部和外部环境威胁的工具。

synchronization 同步性。机构、部门或者项目的计划、过程、动作、信息和决定的协调同步。有效的同步性需要对互补性的措施和信息的目的、目标和使用的分享理解，来促进对机构的、单位的、合作小组的、个人的规划、追踪、分析和改进。

vision 愿景。机构、部门或者项目对未来的自己的描述；大多数用来表达抱负。

# ☑ 译　后　记

　　国家留学基金管理委员会和美国罗格斯大学（新泽西州立大学）共同举办的教育行政人员和教师研修项目——高校领导力培训班，于 2013 年 7 月 11 日至 8 月 9 日在美国罗格斯大学进行。武汉大学选派了组织部部长赵雪梅、本科生院院长陈传夫、历史学院党委书记刘礼堂、物理科学与技术学院党委书记付兴荣、计算机学院党委书记黄治国、信息管理学院党委书记董有明、水利水电学院党委书记屈文谦、基础医学院党委书记蒋明等 8 名管理人员组成赴美培训小组参加了培训。

　　作为授课教师之一，罗格斯大学组织发展与领导力中心创始人与行政主管布兰特·罗本（Brent D Ruben）教授讲授了大学领导力和组织实践专题。罗本博士是罗格斯大学组织发展和领导力中心主任、沟通和执行董事会的杰出教授，获得了爱荷华大学的学士、硕士和博士学位，是美国高等教育持续改进联盟（NCCI）的第一任主席，美国教育部认证监管规则制定小组成员，也是美国标准与技术研究所（NIST）教育和波多里奇试点教育和医疗咨询评估团队成员，获得了美国高校事务官联盟的职业发展和学术奖（2003）。他已经出版40本著作，公开发表200篇文章。

布兰特·罗本博士授课时，介绍了他的关于高校领导力方面研究的三本专著：《卓越高等教育指南——大学评测、规划和改进整合方法》和《领导者需知必做——领导能力记分卡》，以及《高等教育战略规划——领导者手册》。罗本博士讲授内容丰富，特别是所提出的卓越的高等教育应具备的领导能力等问题很值得进一步研究探索。我们对他的讲授印象十分深刻，得知这三本书在高等教育领导力领域广受欢迎，但还没有出版中文版。于是我们向罗本建议出版中文版，他欣然同意。回国后，赵雪梅等和武汉大学出版社与这套书的美国出版机构进行了多次磋商，得到了授权，达成了出版协议。陈传夫等培训组8名成员即合作进行了翻译工作。

《卓越高等教育指南——大学评测、规划和改进整合方法》阐述了评估、计划和改进方面的两个重要方法。第一个方法是采用 Baldrige 模型。Baldrige 模型（Baldrige，2009）被普遍认为是权威的组织评价模型之一，在美国高等院校的项目和机构评估中最明显和被广泛使用的标准。第二个方法是美国高等教育委员会采用的卓越高等教育（EHE）模型。EHE 模型针对高等教育中的特定需求进一步扩展了 Baldrige 模型，吸收了 Baldrige 模型和评价框架中的优点，提供了一个整合的方法来评价、规划以及改善整个机构，在各个层面上进行有效的回顾和评估，从整体的角度提出可改进的重点方向。由于 Baldrige 模型强调改进，而 EHE 模型将服从列为首要关注和最重视的问题，二者互相弥补，一起成为高等教育概念化、文本化、追求卓越和有效性的最佳指南。

《领导者需知必做——领导能力记分卡》总结和综合了各种关于领导力的观点，并提供一个集成的、基于领导力的模型。模型回答了领导需要知道什么和可以做什么的问题。作者找出了领导力的关键方面，并将其归纳为35个主题，又将这些主题分为分析能力、个人能力、沟通能力、组织能力、职级胜任能力等5个领导技能领域。总的来说，这5个技能领域和35个主题构成了本书中的领导能力记分卡。

《高等教育战略规划——领导者手册》是由罗格斯大学组织发展和领导中心的副主任、罗格斯大学副校长谢里·邓普（Sherrie Tromp）与布兰特·罗本合著的。该书为高等教育的战略规划提出了一个综合的规划方法。此方法由 7 个模块组成。每一个模块都描述了战略规划框架的一个阶段。著作对每个阶段的战略规划要点进行了分析：（1）领导——在规划过程中，负有责任的个人或团体如何指导组织制订并实施计划进度和目标，进而推进使命、愿景和价值的实现；（2）沟通——如何在组织内传达、提升、协调计划和目标；（3）评估——如何评估计划和目标的进度；（4）文化——组织的语言、历史、规则、传统和习惯如何影响规划的动态性。

目前，我国对大学领导力的研究越来越受到重视，翻译出版这套书也是恰逢其时。在中文版出版之际，让我们对支持并资助高校管理干部访问培训的国家留学基金管理委员会表示感谢；对支持帮助我们成行的校党委和行政部门表示感谢；对行前给我们嘱托的韩进书记、冯友梅常务副校长、黄泰岩副书记和在美期间鼓励我们的李晓红校长等表示衷心感谢；对为我们授课的罗格斯大学的教师和为培训班付出辛劳的美国朋友们表示衷心感谢；对学校党委组织部、人事部等相关部门的朋友们为培训工作付出的辛勤劳动表示衷心的感谢！

感谢美国大学事务官协会、英文版权联系人 Tadu Yimam 授权翻译出版中文版。中文版是集体劳动的成果。感谢武汉大学出版社各位领导，总编室人员及各位编辑的大力支持和辛勤工作，感谢武汉大学信息管理学院研究生冯昌扬、王甜甜、刘凤、黄丹和许佳玲的译校工作，以及对中文版的出版给予了支持与帮助的各界朋友！本书翻译出版由于时间仓促，翻译工作中难免存在着这样那样的不足，欢迎各位读者不吝赐教。

**武汉大学管理人员赴美培训小组**

2013 年 11 月 30 日

译后记